新时代航空服务类系列教材

总主编 陈 倩 李 俊 谢媛媛

民航服务
沟通技巧

主 编 尹绪彪 李星星 张雪瑶

重庆大学出版社

图书在版编目(CIP)数据

民航服务沟通技巧 / 尹绪彪, 李星星, 张雪瑶主编
. -- 重庆 : 重庆大学出版社, 2024.1
新时代航空服务类系列教材
ISBN 978-7-5689-4104-4

Ⅰ.①民… Ⅱ.①尹… ②李… ③张… Ⅲ.①民航运
输 – 商业服务 – 教材 Ⅳ.①F560.9

中国国家版本馆 CIP 数据核字(2023)第 150823 号

民航服务沟通技巧

MINHANG FUWU GOUTONG JIQIAO

主　编　尹绪彪　李星星　张雪瑶
策划编辑:唐启秀

责任编辑:傅珏铭　　版式设计:唐启秀
责任校对:邹　忌　　责任印制:张　策

*

重庆大学出版社出版发行
出版人:陈晓阳
社址:重庆市沙坪坝区大学城西路 21 号
邮编:401331
电话:(023)88617190　　88617185(中小学)
传真:(023)88617186　　88617166
网址:http://www.cqup.com.cn
邮箱:fxk@cqup.com.cn(营销中心)
全国新华书店经销
重庆正光印务股份有限公司印刷

*

开本:787mm×1092mm　1/16　印张:12.5　字数:239 千
2024 年 1 月第 1 版　　2024 年 1 月第 1 次印刷
ISBN 978-7-5689-4104-4　定价:48.00 元

编委会

20世纪初莱特兄弟发明飞机以来,民航业在世界范围内以蓬勃之势迅猛发展,民航业已然成为各国相互沟通的重要桥梁。中国的民航业虽然起步相对较晚,但蓬勃发展之势不可阻挡。

突如其来的新冠疫情对世界民航业产生了一定冲击,但这并不影响民航业的复苏与继续发展,尤其是对正阔步与世界交融的中国民航业而言。随着我国自主研发的C919问世并成功实现商业首飞,中国在世界民航业的地位进一步提升。同时,与之密切相关的空中乘务专业、机场运行服务与管理专业、航空服务艺术与管理专业等将有更好的"生存土壤"和发展空间。

基于此,为进一步加强新形势下的专业发展,全面提高民航服务人员的综合素质,提升其服务水平,培养适合中国式现代化发展水平的民航服务人才,我们决定组织编写一套既符合专业特性又有别于现有教材,既有行业可操作性又具理论深度的"新"教材。为体现"新",本套教材进行了五个方面的思考。

一是注重课程思政内容。本套教材特别突出课程思政内容,以为党和国家培养人才为目的。或以鲜活案例呈现,或在教材知识点中体现,以此培育学生爱党、爱国、爱职业的思想,不断植入社会主义核心价值观,着实践行"三全育人"理念。

二是兼顾不同教学层次,力争符合本专科学生的课程学习要求。航空服务艺术与管理专业和空中乘务专业,培养目标有相似之处,即培养机上服务人员的相关能力相似,只是前者立足于本科生,后者立足于专科生。并且由于民航业的特殊性,关于技术操作,本专科的学习内容是一致的,且无论本科还是专科,该部分内容皆是学习重点。因此,针对这些内容本套教材实现了全覆盖。而本专科教学层次不同的部分,本套教材主要以"拓展内容"的形式体现本科教学所需的"两性一度",即高阶性、创新性和挑战度,方便教师指导学生。

三是本套教材大致为两种体例。理论性较强的,按传统章节的形式呈现;实践性较强的,按任务式或工作手册的形式呈现。但无论何种体例,每章或每个项目内容均以问题为导向,并附有思维导图,不仅方便教师明确该部分内容的教学目标、重点和难点,更方便帮助学生梳理知识与知识之间、章节与章节之间的逻辑关系。

四是本套教材的实践性内容所占比重较大且数字化程度较高。本套教材的实践性内容占比近50%,其与航空服务艺术与管理专业、空中乘务专业的专业特性相符;方便使用该教材的教师在日后建设国家一流课程时所用。同时,为方便广大师生的使用,教材顺应了时代发展,大力彰显教材的数字化特性,实践性内容都附有相关视频和课件。

五是部分教材体现"1+X"的职业教育理念。无论何种教学层次,该专业的首要任务都是强调教学内容的实践和运用。为全面提升学生的行业竞争力,教材遵循"1+X"职业教育理念。凡是涉及职业资格证书的教学内容,教材皆对相应职业资格证书及其获得途径进行了介绍。

为如愿达成上述目标,我们聘请了业内资深专家对全书进行了内容规划和指导,请航空服务艺术与管理专业以及空中乘务专业的一线老师执笔。这些老师既有丰富的飞行经验,又有较高的理论水平,分别从教于专门的民航院校以及综合院校的航空服务艺术与管理专业、空中乘务专业等。

由于种种原因,教材还存在诸多不足之处,以待后续完善。敬请各位同仁在日后的使用过程中批评指正!

丛书编者

2023年6月

前　言

　　随着我国民航事业的高速发展,社会对民航乘务员的能力要求越来越高,语言表达与沟通能力,无疑成为民航乘务员必备的基本素养。

　　言语交际是民航乘务员与乘客、机组人员交际交往的基本形式之一,民航乘务员利用语言这个交际工具互通信息、交流思想、沟通感情、协调工作,提升客舱服务的质量和管理的水平,确保民航客舱安全和飞行安全。在客舱言语交际过程中,民航乘务员往往重视语言而忽视文化的学习,导致交际的失败。对于民航大学生来说,应加强对语言的社会意义和交际功能的认识,掌握语言的交际规律,掌握言语交际的基本原理、原则和规律,提高跨文化交际的能力,增强语言文字修养,以达到提高客舱言语交际效率的目的。

　　本书共分为七个模块。模块一为民航服务沟通,包括民航服务沟通的内涵、重要性、基本原则、规律分析、服务语言的分类及其运用、民航服务的跨文化沟通特点等六个任务,其中,任务一至任务五由李星星老师负责编写,任务六由杨锐老师负责编写;模块二为民航服务沟通的基本策略,包括民航服务沟通中的心理障碍与除障策略、有效倾听及规避策略、非言语交际策略、借助语境的策略等四个任务,其中,任务一、二由李雪璐老师负责编写,任务三由陈玉莲老师负责编写,任务四由杨锐老师负责编写;模块三为特殊旅客的沟通技巧,包括怀抱婴儿旅客、少年旅客(有成人陪同)及无人陪伴儿童(UM)、老弱病残孕旅客、国际旅客、重要旅客、初次乘机旅客、酗酒旅客及精神异常旅客、扰乱客舱秩序的旅客、犯人旅客等九个任务,其中,任务一至任务四由石悦欣老师负责编写,任务五、六由尹绪彪老师负责编写,任务七由龚旖凌老师负责编写,任务八由李佩明老师负责编写,任务九由任柯旭老师负责编写;模块四为特殊情境的沟通技巧,涉及航班延误与取消、航班中断与返航、航班备降、航班紧急撤离、旅客突发疾病、旅客财物丢失、客舱商品营销、抢劫等冲突情况的谈判八个任务,其中,任务一、二、三、六、七由石悦欣老师负责编写,任务四、五由杜文君老师负责编写,任务八由李雪璐老师负责编写;模块五为民航服务内部沟通技巧,全部由陈玉莲老师负责编写;模块六为民航服务沟通的其他技巧,全部由尹绪彪老师负责编写;模块七为民航服务沟通技巧案例评析,任务一、二由任柯旭老师负责编写,任务三、四由张雪瑶老师负责编写。

本书内容的可操作性强,有较高的使用价值,结合民航言语交际的实际语境,构建案例库,既讲求广泛性和趣味性,也注重新鲜感和实用性。本书在编写过程中力求做到创新,除了对基本理念进行讲解外,特别注重对案例的引用和评析,使读者有章可循。

本书既可以作为民航大学生言语交际教程的教材,也可以作为各界人士学习言语交际的参考书。

由于水平有限,书中难免有疏漏和有待完善之处,请各位读者不吝赐教。

中国民用航空飞行学院 尹绪彪

2023 年 5 月 10 日于四川成都

目 录

>>> >>> 模块一

民航服务沟通的
理论认知

学 习 目 标

知识目标:掌握民航服务沟通的内涵和特点,理解民航服务沟通的原则和要义。

能力目标:根据民航服务沟通的特点和原则,正确运用民航服务沟通技能。

素质目标:在二十大精神的指引下,树立民航服务有效沟通观念,形成从事民航服务
的良性沟通意识。

思 维 导 图

**民航服务
沟通的内涵**

•沟通的概念
•沟通的分类
•民航服务沟通

**民航服务有效
沟通的重要性**

•概念
•目的
•重要性

**民航服务沟通
的基本原则**

•沟通对象
•沟通原则
•沟通层次
•沟通的 6C 原则

**民航服务沟通
的规律分析**

•常见的影响因素
•常见障碍
•基本要素

**服务语言的
分类及其运用**

•民航服务语言的分类
•民航服务语言的运用

**民航服务的
跨文化沟通特点**

•跨文化客舱沟通的特点
•影响跨文化客舱沟通的因素

任务一 民航服务沟通的内涵

相关知识

民航服务质量的根本性问题在于人与人之间的沟通与交流。在处理问题时,双方的沟通技巧和态度都会起到很大的作用。善于与人沟通是每个民航服务人员必须具备的一项重要素质。目前,国内的民航工作人员由于交流技能、语言技能等方面的不足,在为旅客提供服务的过程中,经常会因为交流不顺畅而引起误解与冲突,这对机场的正常运作是不利的。因此,提升民航从业人员的沟通技巧和语言能力是十分必要的,这对化解航空运输中的矛盾冲突、提高民航服务水平具有十分重要的意义。

一、沟通概述

(一)沟通的概念

沟通指的是人际交往的基本行为过程,它是人与人之间、人与群体之间进行思想与情感传递和反馈的过程,以达到思想的统一和情感的顺畅。沟通,其实就是一种信息的交换,是人们相互交流思想、传递信息的过程。现实生活中,每个人每天都会用不同的方式与他人进行沟通。在人类社会中,沟通是最基本的行为过程。通过沟通,人们能够交流思想、联络感情、传递信息;通过沟通,人们可以交流彼此之间的观点和看法,从而促进双方之间的理解,寻找共识,谋求一致;通过沟通,人们能够表达他们的意向和态度;通过沟通,人们能够消除误解、打消疑虑。

(二)沟通的分类

1.语言的沟通

语言是一种十分独特、有效的沟通方式。语言包括:口头语言、书面语言、图片或者图形语言。口头语言包括面对面交谈、会议等;书面语言包括信函、广告、传真、电子邮件等;图片包括幻灯片、电影等。这一切都统称为语言的沟通。沟通是一种信息的交换。在沟通过程中,语言起到了沟通联系的纽带作用。

2.肢体语言的沟通

肢体语言非常丰富,包括动作、表情、眼神等。事实上,我们的声音里也包含着非常丰富的肢体语言。我们说的每个字,是用哪种声音,哪种语调,哪种语气,这些都是肢体语言的一部分。我们所说的沟通模式有两种:一种是语言,一种是肢体,语言更多的作用是传递信息,肢体语言更多的是传达人们的思想和情感。

二、民航服务沟通

在新中国的发展进程中,中国民航作为一种先进的交通运输方式,不仅在国民经济和社会的发展过程中起着举足轻重的作用,还与国家经济共同发展,并取得了一定的成就。自改革开放以来,我国的民航业一直保持着高速发展的态势,不断增加航线网络,航空业的运输能力得到了显著的提高,而且空管、机场等基础设施建设等也相继取得了重大的突破和发展,同时还在管理体制改革和扩大对外开放方面有了长足的进展。因此,航空运输在我国社会主义现代化建设中发挥着越来越显著的作用。航空公司的服务已经从单纯的售票、送旅客到达目的地等简单服务转变为融入旅游、餐饮等全方位的延伸和增值服务。而民航服务工作往往因其特殊的工作场所、工作条件等特点,备受关注。以空中服务为例,乘务人员从事的是高空作业,且客舱空间相对狭小,工作环境较为封闭,噪声干扰也较大;与此同时,他们还需要和各种不同类型的乘客进行交流,为乘客提供包括安全、餐饮等方面的高质量服务。因此,在民航服务过程中,沟通能力是每一名员工必备的一项基本素质。

民航服务人员既要身体健康、形象亲切,又要心理成熟、行为举止得体,尤其是需要熟练运用所学知识与乘客交流,随机应变。民航服务人员的语言表达能力、亲和力、礼仪素养、对乘客的关心程度等会对乘客的情绪反应产生直接的作用,也会影响他们对服务质量的评价。得体的语言、成熟的沟通技能是民航服务人员必备的素质,而这一素质体现在整个航空公司的服务环节中。因此,民航从业人员在打造优质服务方面起着举足轻重的作用。加强对民航从业人员服务能力的培养,提高其与客户的沟通能力,是提升民航从业人员服务质量、提升旅客满意度的有效途径之一。

因此,从广义上讲,民航服务沟通就是指航空公司与旅客之间进行的一种信息交流,沟通方式主要包括广告宣传、公共关系、人员推销、销售促进等。本书中所说的服务沟通为狭义概念,特指民航服务人员对自身知识、能力和品德进行综合运用,通过沟通协商,来解决旅客在民航服务过程中所面临的各类问题。服务沟通是民航服务工作科学管理的前提和基础,也是提高民航服务质量的重要保障,是民航服务中最基本的一个环节。

【思考题】

1.沟通的内涵是什么?

2.沟通的基本分类有哪些?

3.民航服务沟通的内涵和外延是什么?

任务二　民航服务有效沟通的重要性

相关知识

要做好民航服务工作,就必须进行面对面的沟通与交流,而语言交流与信息传递是这一工作的重要载体。语言沟通能力既反映民航从业人员的个人素质,又反映他们在实际工作中所必须具备的要求。

一、有效沟通的概念

所谓有效的沟通,指的是通过听、说、读、写等方式,运用演讲、会见、对话、讨论、信件等形式准确、恰当地表达自己的想法,从而让对方更好地接受。因此,有效沟通是在合适的时间、合适的场合以合适的方式,将自己的想法和情感表达出来,并且能够被他人正确地理解并贯彻下去。所以,沟通不只是交流思想情感,沟通的终极目的是达成共识。因此,只有有效的沟通才是有意义的。有效沟通要做到六个"适当":在适当的时间、适当的地点,把适当的信息,用适当的方法,传递给适当的人,取得适当的反馈(效果)。要实现有效沟通,必须满足两个基本条件:首先,信息发送方必须清楚地传达出信息的意义,使接收方能够正确地领会到信息的含义;其次,信息发送方要重视对所传达信息的反馈,并依据反馈对该消息进行及时的修改,以免产生错误的理解。

沟通是一个将信息、思想和情感在个人和群体间传递,以达到一个确定的目标,并取得共识的过程。从沟通的定义来看,沟通不仅仅是一种信息的传递,更是一种思想和情感在个人和群体之间的传递。若一种服务交流行为仅能传达一种信息,而不能传达一种情感,则会导致交流效果不佳,甚至会导致交流失败。有效沟通是一种动态的双向行为,双向的沟通应该能获得足够的反馈,当沟通的主体、客体双方都对某个问题充分表达了看法,才能实现有效沟通。所以,要实现对员工行为的把控,对员工士气的激励,对工作绩效的提高,对员工或旅客的情感表达,让信息能顺畅流通,就必须做到真正意义上的有效沟通。

通过有效的语言沟通,人和人可以建立信任,拉近彼此之间的距离。民航服务是一个窗口性服务行业,人际接触频繁。因此,从业人员在言语交流中所传达的信息和情感非常关键,它会对整个民用航空服务的品质产生很大的影响。因此,民航服务人员需要不断了解和完善自己的语言沟通技巧,并娴熟地掌握和应用不同的沟通方式,这样才能更好地与旅客进行交流,更好地为旅客提供优质的服务。只要每个民航服务人员都拥有丰富的语言表达能力和独特的公关魅力,在服务乘客的过程中做到得体、大方、亲切,就能让乘客真正体会到宾至如归。

二、民航服务有效沟通的目的

沟通,是人与人之间交流的方式。沟通是有目的性的,它可以表现出自己的情感,表明自己的需求,实现自己的目标等。民航服务的对象主要是旅客,因此必须与旅客进行交流,以便更好地理解旅客的需要,为旅客提供更好的服务。现代管理学之父彼得·德鲁克曾说:"要懂得何时开口,要懂得向何人开口,要懂得如何开口。"这句话包含了成功沟通的若干关键点:话题的定位、时机的掌握、沟通主体的确立以及如何使用沟通的技巧。在客舱服务遇到问题时,若能把握好上述要点,将会取得事半功倍的结果。

(一)了解旅客的心理需求

优质的服务离不开对旅客心理的理解,如果连旅客的基本需求都不了解,服务就无法顺利地展开。人们的心理活动丰富多彩、错综复杂。作为民航乘务员,要从旅客的一言一行中,洞悉旅客的心理,知晓旅客的需求,做到眼勤、嘴勤、手勤、腿勤,尽可能地满足旅客的正当要求,让旅客感到宾至如归。了解旅客心理需求具体体现在以下四个方面:

1.要充分理解旅客的需求

飞行过程中,一些乘客的请求常常超出了民航服务范畴,但是这些请求却是合理的,这并非旅客过分,而是服务产品的不足,所以我们要尽可能地把他们的需求当作特殊服务来对待,并予以满足。若确有困难,应对旅客致歉,并获得旅客的谅解。

2.要充分理解旅客的想法和心态

旅客出于某种原因受了气,故而迁怒民航,或由身体、情绪等因素而大发雷霆,对此类不尽合适的行为,我们应该予以理解,并提供更优质的服务去打动他们。

3.要对旅客的误解有充分理解

因文化、知识、职业等差异,不同的旅客对民航的法规或服务有着不同的看法,继而提出各种意见,甚至是不愿意配合,我们必须对旅客作出坦诚的说明,尽量予以旅客一个满意的答复。

4.对旅客的过失应给予足够的谅解

出于种种原因,有些旅客故意挑刺、有些旅客无理取闹,我们要秉承"旅客永远是对的"的原则,把理让给旅客,给足旅客面子。

(二)有效地避免消极情绪

随着旅客人数的不断增多,加之一些旅客不成熟的消费心理,旅客与航空公司之间的矛盾冲突日益增多。其中既有客观原因,如天气异常、机械故障等造成的航班延误,也有很多服务方面的突发事件。这就使旅客难免带有消极不满的情绪,从而影响到航空公司的形象。而作为民航工作人员,要保持良好的心态、乐观的情绪,这样才能在遇到棘手的问题时,保持镇定自如,并巧妙地化解,才能在与旅客意见发生分歧时,机智而幽默地将分歧导向一致。大家都知道,同样的一句话,在不同的场合,从一个人嘴里说出来,意思就完全不一样了,所导致的结果也大相径庭。这就要求服务行业必须具备良好的服务交流能力,才能进行有效的交流,才能避免误会的加深,才能把复杂的问题简化。只有让旅客安心,让旅客满意,才能打造出一个高质量的服务品牌。

(三)采取恰当的服务补救

所谓服务补救,是指在服务过程中,为了防止因服务失误对企业造成负面影响,而采取的一种主动的行为。服务补救措施是服务工作的延续。比如,在工作过程中,经常会听到同事的抱怨,遇到一些蛮不讲理的旅客,这让本来高涨的工作热情突然变得低迷,让原本微笑服务的乘务员脸上的笑容消失,服务时也变得不情不愿,而本来就有不满的旅客,对不乐意服务的乘务员更加反感,从而导致了服务者与被服务者之间的不愉快,于是就产生了投诉。

其实,许多乘客的服务需求并非不合理,只是有一些服务不尽如人意。危机没有大小之分,一旦处理不好,很可能会酿成大祸。一位旅客的不满,无法在本次航班中获得补偿,我们只能尽力从心理上对旅客进行赔偿,让旅客在下机时能够保持良好的心情,这就是服务补救。服务补救具有即时性,必须在第一时间得以执行,如果补救的时机把握不当,或者旅客感受到了怠慢,会引发更大的冲突和纠纷,降低旅客的忠诚度,进而影响企业形象。

三、民航服务有效沟通的重要性

(一)良好的沟通能力是保证服务质量的基础

民航服务人员的主要工作内容就是为乘客提供航空服务,让旅客可以轻松愉快地完成旅行。随着我国民航事业的快速发展,国内、国际航线不断增多,服务人员要面对来自世界各地,具有不同的文化、语言和风俗的不同群体。为乘客提供优质的服务,要求航空服务人员具备一定的语言沟通的技巧,能灵活地处理各类突发情况。

对于民航服务人员来说,拥有良好的语言沟通能力,是确保其正常运作的必要条件。无论旅客有何要求,都需要民航服务人员主动处理。无论乘客对航空公司的服务有任何意见、投诉,甚至怨言,都必须由民航服务人员进行协调。很多问题,只要沟通一下,就可以化大为小、化复杂为简单。只有双方进行更多的沟通,乘客才可以将自己的需要传递到民航服务人员那里,而服务人员也可以对乘客的真实需求与信息有所了解,从而及时地为他们提供帮助,让乘客的需求得到满足。民航服务人员需要维护公司形象,因此,在遇到乘客投诉的时候,他们要用一种真诚、积极的态度与乘客进行沟通,这样才能重新获得乘客的信任和好感。

(二)良好的沟通能力是改善服务人员与乘客关系的关键

在航空服务工作中,使用不同的服务语言,所取得的服务结果也不尽相同。多与乘客交流,才能让民航工作人员与乘客的关系更融洽。尽管民航服务人员与乘客之间只是工作与服务的关系,并且这种关系存在时间较短,但它很重要,因为它能让服务人员与旅客的旅程变得更顺畅。当航空服务人员为旅客提供服务时,若其用词不准确,含义模糊,或有偏颇,则容易使旅客产生误解,造成事故扩大。例如,当旅客遭遇诸如情绪紧张,身体不适等特别状况时,只有航空公司的工作人员才能给予协助,因此,双方必须进行及时沟通;在遇到诸如飞机晚点等情况时,及时通知乘客;在乘客心情不好、生气的时候,也要保持礼貌;向乘客道歉,尽量把事情说清楚。一位有经验的民航从业人员,往往能运用恰当的语言,精确地表达出自己的意见,通过与乘客一起解决问题,得到较好的服务效果。多多沟通也能减少彼此之间的误会。当出现冲突时,通过有效的交流,能够解决冲突,从而改善乘客与民航服务人员的关系,缓解紧张气氛,避免纠纷。

在民航服务中,工作人员不仅要关注语言表达技巧,更要注重自身沟通能力。将语言沟通和非语言沟通有机地结合起来,以提高民航服务人员的沟通能力。良好的沟通,不但能创造一个温暖、和谐的民航服务环境,还有助于打造优质的民航服务品牌,提升机场的知名度以及航空公司的整体形象,获得更多的社会效益与经济效益。

【思考题】

1.有效沟通的内涵是什么?

2.民航服务有效沟通的目的有哪些?

3.为什么说民航服务有效沟通非常重要呢?

任务三　民航服务沟通的基本原则

一、民航服务沟通对象

沟通对象又称沟通客体,包括个体沟通对象和团体沟通对象。团体的沟通对象还可以分为正式群体和非正式群体。沟通对象是沟通过程的起点和归宿,因而在沟通过程中具有积极的能动作用。民航服务的沟通对象,是指除了提供乘客的服务外,还包括社会媒体和大众的服务。

(一)沟通对象的复杂性

民航服务沟通的信息接受主体是旅客,旅客的构成较为复杂,他们的身份、地位、性别、民族或国别都各不相同。民航服务人员要根据年龄的差异,采取不同沟通方式。例如:在询问小孩子的状况时,要蹲下身,用较为温柔亲和的语气,说一些小孩子能明白的话语;而对年长的旅客,民航服务人员沟通时要注意放慢语速,多一些关心。因为乘客所处的生活环境、所受的社会影响各不相同,他们的文化、价值观念也各不相同,所以必须尊重乘客的风俗习惯、民族禁忌。这就需要民航乘务人员具备比较扎实的礼仪知识,才能有针对性地与不同文化背景的客人进行沟通。

(二)沟通对象的广泛性

尽管民航服务的直接对象是旅客,但是,每一位旅客良好的口碑宣传,都会为他们带来更广阔的市场,而任何一次不愉快的沟通,将会使他们失去一批客户。尤其是由于客观原因而导致的民航服务过程中存在的问题,面对的不仅是旅客和旅客的家属,还有广大媒体及社会公众的监督。民航服务沟通既要了解每位旅客的需求,从而提高服务质量,还要在出现问题时,用一种行之有效的方式,获取旅客的理解与支持,同时也能得到媒体与社会公众的认可。

(三)沟通对象的特殊性

民航服务过程的时间很短,哪怕是国际航班,也不过十多个小时,因此很难在较短的服务周期里,理解沟通对象的需求,将信息有效地传递给通信对象,并获得及时的反馈。这就对航空公司的服务人员提出了更高的要求,他们既要注重语言的交流,又要善于进行非语言的交流,才能在更短的时间里,为旅客提供优质、人性化的服务。

二、民航服务沟通的原则

沟通是思想在两个或两个以上人群中进行传递或交换的过程,更多的是信息和情感的传递、反馈、互动的过程。其目的是实现人与人之间的相互影响、相互了解,通过有效的沟通,达到双赢。相互尊重、相互理解、主动沟通和包容沟通等是沟通的基本原则。

(一)相互尊重

要得到旅客的尊敬,必须先尊敬别人。人与人之间的思想、言语乃至所处的文化背景都存在着一定的差别,认识到这一点是至关重要的。受人尊敬是人类最基本的需求。心理学家威廉·詹姆斯说过:"人类最大的愿望就是获得别人的尊敬。"人们渴望获得他人的认可和肯定,包括被给予尊重、赞美、欣赏和认同。

尊重是一种修养,尊重是不分对象的,不管对方是什么身份,什么社会地位,都应该受到尊重,尤其是那些在心理上处于弱势或者处于逆境中的人。尊重是相互的,只有尊重他人才能赢得他人的尊重,只有相互尊重,才能进行有意义的沟通。

民航服务人员应该用对旅客的优质服务来赢得旅客的尊重,不管是在地面和还是空中,每家航空公司都有严格的服务流程,针对不同的旅客群体,为他们提供富有个性化的服务。民航服务专业性极强,旅客对被服务的各个场所都有知情权,如航班延误、取消、客舱服务等。唯有专业的服务,才能获得旅客的认可,从而获得乘客的尊敬。因此,实现相互尊重是旅客与服务人员之间良好沟通的前提。

(二)相互理解

每个人对这个世界有不同的看法,每一种审美的眼光都体现了自己的修养。这就是世界的多样性。《论语》中有言:"君子和而不同,小人同而不和。"意思是求同存异,不必求全。我们要有一颗宽广的心胸,能够包容他人的不同意见,能够站在对方的立场上换位思考,在互相尊重的前提下,互相理解,这样才能更好地进行有效的交流。

站在旅客的立场上,尽量多地了解旅客的生理、心理需要,了解旅客的情感状况。在旅客出行中,遇到航班延误等情况很容易出现消极负面情绪,对此,民航服务人员除了要对他们给予足够的理解之外,还要多加关心,疏导他们的不良情绪,用自己的努力和高质量的服务来获得旅客的理解和信任。

(三)主动沟通

主动就是"在没有人提醒的情况下,你正在做正确的事"。主动沟通是沟通的发起者积极地寻找话题与沟通对象进行交流。在民航服务中,主动沟通可以满足旅客的知情权,能够防止乘客产生误解,能够化解矛盾,甚至能够将危机消灭在萌芽状态。

(四)包容沟通

中华文明历来崇尚"上善若水""有容乃大"等情操,其内涵是一种胸怀、一种修养、一种人生境界。世界是多元的,人的个性又是多样的,哲学家曾说过,"我们争论是因为我们看世界的角度不同",学会站在他人的视角来看问题,这样更容易理解彼此的态度。

作为服务人员,我们要面对的是形形色色的旅客,每个人的喜好和需要千差万别。这就需要我们有一颗宽容的心,不但能接受别人的偏爱,更要能接受别人的批评。我们需要锻炼同理心,需要去接纳差异、包容差异。

三、民航服务沟通的层次

沟通大致可以划分为四个层次：不沟不通；沟而不通；沟而能通；不沟就通，这是一个更高的境界。

（一）不沟不通

从根本上来说，不沟不通算不上沟通，甚至可以说是沟通的反面。但是可以将不沟不通作为沟通的出发点，任何沟通进行前都是不沟不通的状态。不沟不通，就是没有交流的欲望，也没有交流的需要，双方都处于互不接触的状态。在民航服务中，要尽量避免服务人员与旅客之间发生这种情况，没有沟通，服务根本无法完成。

（二）沟而不通

要想改变沟而不通，最好的办法就是设身处地为另一方着想，凡事以对方的利益为出发点。就算你说的话他不接受，至少他会思量一下。久而久之，你会得到他的信任，与他交流，也会变得容易许多。若是你不能取信于他，他就会有所顾虑，很难与你交流。在民航服务过程中，经常遇到沟而不通的局面，例如，航班长时间延误，航空公司又没有给乘客合理的理由和妥善的安置，就会出现当航空公司不管如何与乘客沟通，乘客都不买账的局面，甚至有些时候需要机场公安来解决问题。

（三）沟而能通

沟而能通，这是所有人都乐见的。误会也好，分歧也罢，只要沟而能通，都能大事化小，小事化了。人与人之间之所以难以沟通，首要原因就是面子问题。也就是说，当对方觉得很有面子时，交流起来就更容易了。其次，情绪也会影响沟通。情绪好的时候，不管说话的人如何唐突、冒犯、无礼，都能够心平气和地与之交谈，一副宽宏大量的样子。只要双方都有诚意，都能包容，都能放下成见，自然不会有什么问题。在民航服务过程中，与旅客沟通时要注意把面子让给旅客。在服务中，不要一味地追求与旅客"平等"，即便是旅客对服务有所不满，也不能强求，否则容易招致服务对象的不满和投诉。

（四）不沟而通

不沟而通是一种艺术。不沟而通是一种高层次的配合，一种不可多得的沟通艺术。有些时候，人并不一定非要说什么，只是一个眼神，一个动作，就可以表达出自己的想法。要想做到这一点，就必须达成一种默契，要随时随地关注对方的一举一动，不依赖对方的言语表达,而是要积极地抓住对方的身体语言。完全不在意对方,完全不留意对方的举动,自然无法做到不沟而通。只有设身处地为人着想,才能让想法顺畅地流动。心有灵犀一点通,自然不沟而通。民航服务的优质服务应该是预先服务,即在旅客提出要求之前,服务人员就已经预见了旅客的要求。预先服务需要服务员对乘客有敏锐的观察力,站在客人的角度,换位思考,分析客人的需求,然后再为客人提供服务。旅客在享受了一项服务之后,会惊讶地发现,没有提出的服务要求,服务人员也做到了,进而对此项服务表示赞许,这在民航服务中就是不沟而通。

四、民航服务沟通的"6C原则"

要想更好地开展服务沟通,在沟通过程中,一定要遵循清晰、简明、准确、完整、有建设性和礼貌的原则,这六个词汇在英语中都是以"C"开头的,所以可以被称为"6 C原则"。

(一)清晰

清晰(Clear)是指表达的信息结构完整、顺序清楚,能够被信息受众所理解。在民航服务过程中,当服务人员向旅客表达服务意愿、提供相关服务信息时,或者是旅客向服务人员提出服务需求时,只有内容完整、条理清晰、表达明确,对方才可以正确理解和接受。

例如:在一次国际飞行中,乘务员做好了着陆前准备,按照规定将飞机上遗留下来的一切物品,包括饮料、用具等,都密封起来并妥善保管。一位刚刚睡醒的旅客拦住一名乘务员:"小姐,给我来杯可乐吧!"该乘务员刚刚处理完厨房里十几个干果箱和餐车,好不容易将全部东西存放妥当,一听到旅客这么说,顿时有点来气,脱口而出道:"啊,可乐?我们都封了!""什么,我要杯可乐你们就疯了?"之所以产生这种误解,其实就是乘务员向旅客表达时内容结构不完整造成语义模糊引起的。

(二)简明

简明(Concise)意味着在表达相同数量的信息时,要尽量占据更小的信息载体容量,这样不仅能够降低信息保存、传输和管理的成本,还能够提升信息用户对信息进行处理和读取的效率。例如,在机场中,各个功能区域的指示标志都不会使用太过烦琐的文字描述,一般都是以简单、可识别性高的图案和关键词构成,让乘客和工作人员都能快速、清晰地获取到相关的信息。

(三)准确

准确(Correct)是衡量信息质量的最重要指标,并在一定程度上影响沟通结果。不同的信息常常会产生不同的交流效果。首先是信息发送者头脑中的信息要准确,其次是信息的表达方式要准确,避免出现重大的歧义。在民航服务中,由于沟通内外有别,如果服务人员使用行业术语或内部习惯用语与旅客进行沟通,很容易让旅客感到困惑,旅客能否准确理解所接收到的信息就会成为一个未知数,更严重的情况下,还会造成误解和冲突。

例如:航班飞行途中,旅客到前舱找洗手间,乘务员热情地告诉他:"在二号门附近。"他好像明白了,走向后舱,经过二号门和三号门,继续往前走。乘务员连忙跟上,将旅客带到了洗手间门口。"二号门"是机组人员的内部习惯用语,旅客并不了解,加上客舱内部也没有相应的通用标识,就算乘务员表达的没错,但表达方式不准确,旅客仍然听不懂。

(四)完整

完整(Complete)是决定信息质量和沟通结果的一个重要因素。"盲人摸象"就是片面的信息导致判断和沟通失误的一个经典案例。在民航服务中,完整指的是信息发送者明确、有信息传递的渠道、信息接收者明确、有相应的具体沟通方式等,只有这样,才能保证服务部门之间、服务人员之间、服务人员和旅客之间能够顺利地实现沟通,确保服务的顺利进行。自2014年起,中国民航局空管局搭建的空中交通信息平台将多条分割的民航线路进行了重组,实现空管、机场、航空公司之间全链条信息共享,同时通过微信平台等形式向公众发布航班运行限制、大面积航班延误预警、航线拥堵、机场运行状态等方面的实时动态监测。当遇到大范围的航班延误的时候,过去各个环节的信息不能顺畅、及时地进行分享,服务信息沟通片面、滞后,缺乏及时、有效的发布渠道,以及沟通方式缺乏针对性等情况都得到了极大改善,使公众能及时掌握比较全面的航班信息。

(五)建设性

实际上,建设性(Constructive)强调了沟通的目的性。沟通旨在促进双方的信息传播,在沟通过程中,除了要注意所传达的信息要清晰、简洁、准确、完整之外,还要注意到信息接收方的态度以及他们的接受度,争取在交流过程中,能够让对方的看法发生变化。比如:在一次航班延误期间,有两名乘客因为情绪过于激动,不系安全带,也没有关手机,安全员和乘务员共同耐心地对这两名乘客进行了说明,先是安抚了旅客情绪,之后,再跟他们讲解了造成延误的具体原因,介绍航空知识和相关法律知识,摆事实、讲道理,经过耐心的沟通和解释,最终得到旅客的理解和支持,并承诺不再扰乱客舱秩序。

(六)礼貌

在人际沟通中,情绪和感觉是影响沟通效果的重要因素,在服务沟通中也是如此。民航服务人员的良好礼貌(Courteous)、得体语言、积极姿态和表情能在服务沟通中给予旅客良好的第一印象,甚至还可以对旅客造成移情效应,从而对达到交流目的起到积极的影响;相反,无礼的语言和举止会妨碍沟通进行,甚至使沟通目的无法达成。

【思考题】

1.民航服务沟通的对象有哪些?

2.在民航服务沟通过程中,有哪些基本原则?

3.请具体说出民航服务沟通的层次和"6C原则"?

任务四 民航服务沟通的规律分析

 相关知识

一、民航服务沟通常见的影响因素

在民航服务交往过程中,经常会受多种原因的影响和干扰,而这些原因还会导致沟通的障碍,极大地影响服务沟通的质量、准确性、清晰度等,与能否完善、有效地沟通有直接关系。

(一)个人因素

个人因素包含了生理因素、心理因素和社会因素。其中,生理因素、情绪状态、个人特征、沟通技能等是影响沟通效果的重要因素。

1.生理因素

例如,疼痛、饥饿和疲劳等短暂的生理不适会导致交流注意力无法集中,从而影响交流的有效性。但当这些生理不适消失后,沟通也就恢复正常了。而永久性生理缺陷会对

沟通造成持续性影响,如感官功能不健全(听力、视力障碍甚至聋哑、失明等)、智力发育不健全(智力障碍者等)。

在民航服务中,常常有旅客因暂时性生理不适而缺乏耐性或缺乏交流意愿,对服务人员出言不逊或爱答不理。对于这种情况,工作人员应该抱着一种理解和宽容的态度,去与他们进行沟通,而不应该与他们发生争执。而对于具有永久性生理缺陷的特殊旅客,服务人员应采取相应的特殊方式与之沟通,如加大音量和光线强度,使用手语、盲文等,尽可能地让他们能够接受并了解有关的服务信息。

2. 情绪状态

情绪是一种能传染的心理因素,可直接影响沟通的有效性。总的来说,轻松愉快的情绪能够提高沟通者的交流意愿与交流能力;焦急、恼怒的心情会妨碍沟通者传递和接受信息的能力。当沟通人员处在一种特殊的情感中时,他们经常会扭曲自己所了解到的信息。在沟通者处于愤怒、激动的状态时,他们很可能会失去耐心,或者会表现得很敏感,经常会对一些消息作出过分的(超出了他们的正常水平)反应;而在沟通者处于悲伤、伤感的状态时,他们会对一些消息产生冷漠、迟钝的反应,这也会对沟通的进程产生不利的影响。民航服务中,也经常会出现因为服务交往双方的情绪都不太好而引发的交流冲突,如旅客赶航班时路上遭遇了堵车心情非常不好,会对着工作人员大发脾气,这时候,如果工作人员也是一种负面的情绪,那么但凡措辞不当,就有可能将矛盾激化。

3. 个人特征

在实际的社会生活中,由于人们所处的生存情境和社会经验不同,他们的心理特征和社会特征也各不相同。很多特性都会在一定程度上影响人际交流。在这些因素中,个性对于人际交流的作用主要表现在以下几个层面。

(1)性格特征的影响。性格特征的差异会对沟通结果产生不同的作用。例如:两个个性独立且主观性很强的人在交流时,常常很难形成融洽的沟通,甚至产生矛盾或者冲突。而独立型性格的人与顺从型性格的人进行沟通,则常常因为性格互补而建立良好的沟通关系,有利于沟通的顺利开展。总的来说,与开朗、大方、直率的人交流是很简单的,但是与内向、孤僻、拘谨、心胸狭窄的人交流就很难了。

(2)认识差异的影响。因为个人经历、教育程度以及生活环境的不同,所以每个人的知识面、认识的深度与广度、所了解的领域和专业都会有所差别。通常而言,沟通双方的知识水平越接近,所涉及的知识领域越多(如专业背景相同或相近等),沟通中就越容易得到彼此的了解和认可。具有宽广的知识面和较高的认知水平,更适宜于与各种认知领域和层次的人群进行交流。

（3）文化传统的影响。文化发展具有历史的延续性。在漫长的历史进程中，各个地区、各个民族的文化都会带有鲜明地域性、民族性的特点，并由此产生出一些特殊的文化传统。这种文化传统的影响总是左右着每个人的行为，形成既有普遍性又有独特性的文化特征。文化传统相同或相近的人在一起会感到亲切、自然，更易于形成彼此间的信赖和交流。在两种不同的文化背景下，了解和尊重另一种文化背景，有助于交流；相反，则会对交流造成不良的效果。

（4）角色与关系的影响。沟通过程中，参与者不同的角色，与不同的关系都会对沟通方式的选择以及沟通效果产生影响。例如：同学之间可以随便交谈、嬉戏打闹，但师生之间、上下级之间却不能这么随便，服务人员和旅客之间也是一样。民航服务人员与旅客有自己的个人特征，作为服务的提供方，民航服务人员应该积极地进行自我调节，以使自己能够更好地与乘客进行交流。

4.沟通技能

沟通技能包含了对信息的搜集与传递的能力，并且可以通过书写、口头与身体语言等方式，将自己的想法、感受与态度向别人有效地、明确地表示出来，还可以比较快速且正确地解读别人的信息，进而理解别人的想法、感受与态度。沟通技能涉及许多方面，如简化语言、积极倾听、重视反馈、控制情绪等。

人际沟通的情境千差万别、千变万化，其影响因素也是多种多样的。了解常见的沟通影响因素，有利于民航服务人员在沟通时随机应变。

（二）环境因素

对沟通产生影响的环境因素包括噪声干扰、不适宜的环境氛围、沟通隐私问题时无关人员在场等。

1.噪声干扰

沟通时，我们经常不能确保交流的环境是完全没有噪声的，比如，门窗开关的声音、音响声、他人说话的声音等。特别是在飞机上，引擎的轰鸣声、空调噪声等会对乘务人员和乘客之间的交流造成持续的影响，因此经常需要双方提高音量、重复表达等。

2.不适宜的环境氛围

沟通时，如果环境光线昏暗，沟通双方便不容易看清对方的表情；室温过高或过低，有难闻的气味等，都会让交流者心不在焉，无法集中精神。单调而又庄重的环境设置和气氛有助于人们集中注意力，适合进行正式而严肃的会谈，但也容易使沟通者感到紧张、压抑而词不达意；色彩鲜丽活泼的环境布置和氛围，可令沟通者放松、愉快，有利于促膝谈心。在服务环境的设计中,要把这些要素都考虑进去,营造出一种轻松愉悦的交流气氛,从环境上确保服务交流的顺利进行。

3.沟通隐私问题时无关人员在场

凡沟通内容涉及个人隐私时,如有其他无关人员在场,缺乏保护隐私的条件,都会对沟通造成影响,使沟通者不能真正参与到沟通中。避开闲杂人等,在一个安静的地方,则有利于消除顾虑、畅所欲言。民航服务中,如果旅客表达服务需求时吞吞吐吐、犹犹豫豫,那么,服务人员就应充分考虑保护其隐私,给予相应的配合,而不是让乘客直接、大声地说出自己的想法。

二、民航服务沟通的常见障碍

沟通障碍是指信息在传递和交换过程中,由于信息本意被扰乱或误解,从而造成沟通失真的现象。在进行服务沟通时,由于种种原因,使沟通进程受阻。

(一)语言障碍

尽管世界上的语言多种多样,但即使是同一种语言,也有其各自的方言体系。语言不通或语言表达中的歧义,也会使我们的服务沟通出现巨大的困难。所以,对于民航服务从业者来说,在从"民航大国"走向"民航强国"的过程中,有必要掌握多种外语,了解语言的基本含义是做好服务工作的先决条件。

(二)经验障碍

以往的经验有时能够帮助我们解决在服务交流中出现的问题,所以"传帮带式"的经验教育在民航企业中依然是一种主要的培养服务人员的方式。然而,在不断变化的市场和旅客群体面前,以往的工作经历很可能会使我们按部就班,产生服务偏差,这个时候,经验就成了服务沟通的绊脚石。

(三)文化障碍

文化障碍是阻碍文化交流的最大因素。对于文化障碍的认识,主要包括两个层面:一是旅客的文化层次的差异、服务者的文化教育程度的差异;二是由于不同旅客和员工的不同文化发展环境所造成的对同一事物或现象的不同认识。现阶段的民航服务冲突大部分是由这一障碍造成的。

（四）情绪障碍

人是情感的生物,情感会对人的思想、行动产生一定的影响。当一个人处于沮丧,悲伤,愤怒的情绪中,沟通障碍就已经产生了。

（五）沟通方式不当

沟通对象不同,沟通方式也不一样。如果选择了不当的沟通方式,就会使双方的沟通不那么愉快,甚至会使沟通难以正常进行。

三、民航服务沟通的基本要素

（一）了解旅客

1.了解旅客的个性和心情

任何沟通技巧和策略都要建立在充分了解旅客个性的基础上,只有了解旅客的心态,才能把握最有利的沟通时机。旅客心绪不宁时,根本无法集中精力思考问题。在情绪激动时,往往无法作出理智决策;而受到不公正待遇的旅客,通常都会将交流不顺畅的那个人作为"替罪羊"。因此,在面对具有不同个性和不同心情的乘客时,要做到"急者慢之,慢者急之,能者善之,乱而稳之",才能达到更好的交流效果。

2.了解旅客的观点和目的

沟通的目的归根结底是解决问题。所以,没有交流,就妄下定论,对于服务业来说是大忌。首先必须了解旅客已有的观点、态度和意图,否则沟通过程可能言不达意,造成不必要的时间和精力浪费。

3.了解旅客的思维和态度

对于想法较为单一的旅客,乘务员应尽量用简洁的词语与旅客交流;对于那些比较理智的人来说,乘务员应该一步一步地将自己的看法展现出来,有理有据,循序渐进;喜欢从寥寥几句话里委婉地给出忠告的人,要与之进行更深层次的交流,才能真正理解其用意;喜欢夸大其词者,则应求同存异。总之,了解旅客的思维方式是有效沟通的必要条件。另外,针对不同的乘客,要有针对性地采用相应的沟通策略:对态度强硬者,要动之以情、晓之以理;而对于那些态度温和的人,也要阐明立场、表明主张。

任务五　服务语言的分类及其运用

一、民航服务语言的分类

美国学者桑德拉·黑贝尔斯、理查德·威沃尔在其著作《有效沟通》中对沟通做了更深入的界定:沟通是人们分享信息、思想和情感所进行的活动。这种过程不但包括口头语言和书面语言,而且还包括形体语言、个人习惯、行为方式以及物质环境——赋予信息含义的任何东西。而就沟通的构成来看,一般包括三个方面:沟通的内容,即文字;沟通的语调和语速,即声音;沟通中的行为姿态,即肢体语言。这三者的比例为:文字占7%,声音占38%,行为姿态占55%。相同的文字,不同的动作、不同的声音,会产生完全不同的效果。所以有效的沟通应该是将三者有机结合起来。

(一)沟通内容之语言

民航服务人员在现实的语言表达过程中,要注重语言的逻辑性,要让自己的表达清楚,要做到礼貌、简短,要将重点和要点凸显出来,并且要做到真实、准确,特别是要对自己的语音语调、音质音色、说话技巧、外语能力等进行调节。亲切自然、声情并茂、得体达意、流利通畅的表达既是客舱服务语言的制胜之道,也是一名出色的民航服务人员必备的素质。

1.注意使用文明礼貌的语言

语言是服务的工具,是沟通最基本的手段。人与人之间的沟通交流,尽管也涉及仪态表情等,但更多的时候,还是要靠言语来表达。文明礼貌用语是沟通的首要原则。古人曰:礼多人不怪。特别是对于服务行业而言,礼貌用语更是应该多多益善。

在民航服务过程中,工作人员在接触乘客时要善于使用"请"字。"请"是一种尊重,更是一种态度。当一个人对另一个人说"请"时,就代表他把对方放在较为贵重的位置上,表现出了毕恭毕敬的姿态。被"请"的那个人,由于受到了尊敬,所以很愿意去做"请"之后的事情。因此,在航空公司工作人员中,也要多用"请"字,对旅客们的言行举止表示期许和请求。

当然，民航服务人员在工作中不可避免地会出现一些疏忽或者意外，引起旅客的不满或不悦，不管造成其不愉快的原因是主观的还是客观的，民航服务人员都应该对此做出妥善处理，息事宁人最好的办法就是赔礼道歉。诚恳地致歉，不仅仅是承认自己的错误，更多的是化解误会，寻求谅解。道歉的艺术，主要体现在以下三个方面：

（1）迂回道歉。乘务员在服务过程中，由于某些因素，有时会对旅客造成冒犯，但又不方便当面表示歉意，这种情况下，可以采用委婉的方式来表达歉意。比如，乘务员对甲女士关照过多，暂时忽略了乙女士，引起了乙女士的不悦。乘务员察觉后，便要特别关照乙女士，比如在下飞机的时候，会搀扶她一把，向她问好等，这样她就会理解乘务员言语和动作中所表达出来的道歉，从而达到冰释前嫌的目的。

（2）礼仪致歉。对于礼仪致歉，一般是出于社交场合的需要。比如，送客时说："服务不周，还请多多包涵，欢迎再次乘坐本次航班。"送礼物或纪念物时，可以这样写："这是我们航空公司的一点心意，希望您喜欢，谢谢您一直以来对我们的支持。"

（3）衷心致歉。衷心致歉的话不在多，而在于是否真心诚意去请求对方谅解。如果能够设身处地地为另一方着想，那么一切都会迎刃而解。因此，衷心致歉的关键是发自内心、有诚意的歉意。

2.选择恰当的语言交际用词

语言沟通具有意义表达迅速、准确并能及时获得对方的反馈等优势。适当的运用，可以让听者感到愉悦，感觉亲切、温暖，并能增进双方的感情。

乘客和民航服务人员很多时候往往会站在思想对立的状态。有些乘客对民航服务人员的服务态度不满意。与此类似，民航服务人员认为乘客的需求过高、过分苛刻、不能容忍。所以民航服务人员与乘客之间的沟通，特别要注意看什么人说什么话，这是和乘客处理好关系最好、最直接的方法。比如，迎接乘客时要打招呼，表示欢迎；判断乘客的年龄和身份，选择适当的称呼；乘客需要帮助时、身体不适时，或者乘客出现了一些小过失时，真诚的安慰话语能够有效地减缓他们的紧张情绪；当乘客有要求时，要仔细聆听，并学习回答，无论能否回答，都要给乘客准确、清楚的回复。在服务过程中切忌使用伤害性语言，不讲有损乘客自尊心的话，也不能说一些带有讽刺、挖苦乘客的话，言谈举止间要处处体现出对乘客的尊重；语义要明确，在与乘客沟通中，尽量使用明确、简洁、适当、中肯的语言，这样可以增强乘客的信任感。

在民航服务过程中，存在着用词不当、发音不规范、语法不规范以及对旅客提出的问题的曲解，使旅客对其所提供的信息产生误解，导致旅客无法得到满意答复的情况。可

见,这些问题说明民航服务人员在言语交流方面还存在着一定的欠缺。不当的语言沟通会引起双方之间的分歧、误解,甚至会破坏双方之间的互信。构建民航服务人员与乘客之间的和谐关系是航空公司提供优质服务的关键。因此,民航服务人员在工作中要运用真实、准确、委婉的语言,要富有情感,要有新意,更要有针对性,切忌简单、急躁,这样才能让乘客产生发自内心的亲切感,得到一种心理上的满足。

3. 切记不要轻易说"不"

民航服务人员与乘客交谈时,应表现出热情、亲切、有耐心的态度,尽量克服急躁、生硬等不良情绪。在语言表达时,民航工作人员在服务中永远不要说"不知道""不行""不可以""不清楚""本部门无权处理此事"等忌语。

要做到这一点,就要求乘务员树立真诚服务的意识,具备良好的个人素质与涵养。比如,在一次航班上,乘客王先生向乘务员咨询如何取回他在飞机上遗失的外套。乘务员回答说:"前天又不是我飞的,我怎么知道?"王先生说:"我只是想知道怎么找,并不是要你帮我找。""哦,那你外套里有没有值钱的东西呀?""没有,就是一件外套。""哎,先生,既然没有值钱的东西那就别找了,一般像这种不值钱的东西,我们捡到后是不会交到失物招领处的。抱歉,我还有其他事。"乘务员说完头也不回地就走了。王先生在座位上生了半天气,下机后径直去了投诉室。

在民航服务中,永远不要给乘客直接、生硬的否定回答,应该明确地告诉乘客寻找方向,即便找不到也应记下乘客的信息,以便后续给乘客一个答复。处理问题,以满足乘客的要求为基本准则,只要给予乘客足够的尊重,即便无法找到,乘客也会理解。

4. 提高外语沟通能力

近年来,由于我们国家的经济持续发展,各国旅客的数量都有所增加,因此,在国内外航线中,经常会碰到外国旅客。为适应时代的发展趋势,航空公司对员工的外语水平提出了更高的要求,即在掌握英语基础交流的同时,还要掌握其他的语言,以便为旅客提供更专业和系统的语言服务。

外语指非本国人使用的语言,在我国,外语包括英语、俄语、日语、韩语、德语、法语等;外语技能指的是听、说、读、写某一门外语或几门外语的能力,比如说出或理解符合语法的句子、辨析有歧义的语句、判断表面形式相似且实际语义不同或表面形式不同且实际语义相似的语句,掌握话题、功能、语法、词汇及语音等多方面内容。但由于是非母语,民航服务人员使用外语进行交流时也可能会出错。所以,最好是使用内容简短、不太复杂的句子。试着用简明扼要的语句进行交流服务,同时注意自己的语音语调、声音及咬字的准确性,不用过于害羞、紧张,或者逃避外语表达。

随着民航企业数量不断增多,员工服务水平也有了很大的提高和发展,为了满足外国旅客的合理需要,公司对员工的语言能力提出了更高的要求,便于面向外国旅客提供更周到的旅行服务,满足日益严格的服务工作要求,从而扩大民航企业的行业影响力。假使在旅行的过程中出现了一些突发事件,如果可以方便地与乘客进行沟通,并让乘客的情绪稳定下来,从而保证了乘客的生命安全,这也就促使了服务工作模式朝着规范化和专业化的方向发展。除此之外,乘客在没有语言交流障碍的服务人员面前,可以消除他们心中的孤独感,从而可以让他们的身体和精神得到放松,这种方式能够更好地缩短民航服务人员与国际乘客之间的距离,让乘客有一种宾至如归的感觉。

(二)沟通声音之语音语速

民航工作人员与乘客沟通时,应注意语言准确,音量适中,使旅客能听到为准;声音要柔和,语调要平和,语音的高低、轻重、快慢要适当,语气要适度,态度要诚恳,使人感到亲切和安全感。

民航服务人员讲话时,尤其要讲究语音语调的停顿,以免造成模棱两可。

比如,在一次航班上,有位乘客不太舒服想要调换座位,乘务员顺口问了句:"你想怎么换?"结果乘务员用错了语音语调,发音变了调。这句话就变成:"你想(第二声)怎么换(第四声)?"乘客一听就不愉快了,立马激动地说:"你什么意思啊,对我不耐烦了是吗?"乘务员立马道歉道:"不好意思,刚刚是我的语气不太恰当,我想问的是您想换到哪个位置? 我可以帮您协调一下。"乘客情绪有所舒缓,说道:"想换个靠窗的位置,帮忙问一下,谢谢。"乘务员:"好的,马上帮您询问。"

飞机上,乘客换位置是常有的事。语气不恰当会让乘客觉得乘务员的态度很不友善,甚至有可能引发一场投诉。事实上,乘务员只想征询乘客的意见,但因为用错语音语调,便造成了误会。这样的例子在实际工作中经常出现。因此,乘务员在服务过程中应尽量减少使用祈使句。同时,在话语的最后一个字少用"抑"的语调,否则会给人不尊重、不友善和不耐烦的感觉。保险起见,在每句话的末字,尽可能地使用一些"扬"的语调,既表示尊重,又像是在征询乘客的意见,这样才能让双方都有商量的余地。

由此可见,合理合适地运用抑扬顿挫,加上较为恭敬的态度,最大限度地避免了误解,同时,给乘客一种"我受到了民航服务人员尊重"的感觉。如果用错语音语调,就有可能改变说话者的初衷。

(三)沟通姿态之情态仪态

除了语言方面,在客舱语言交际过程中,非语言部分也占有举足轻重的作用,有时甚

至比言语沟通的效果还要好。这种独立性的非语言也称为体态语言或态势语言。体态语言是通过表情、举止、神态、姿势等象征性体态来表达意义的一种沟通手段。美国心理学家卡特·W.巴克把体态语言分成三类：第一类是动态无声的态势语言，如点头、挥手、微笑、眼神等；第二类是静态的态势语言，如姿势、服饰、发型等；第三类是有声的态势语言，如叹气、咳嗽等。体态语言是交流双方好感、亲密感和信任感产生的关键因素，所以，对于民航服务人员来说，他们对于交流技巧的使用，不仅要表现在言语表达上，也要体现在以身体辅助并强化表达的种种行为上，如微笑、倾听等。

1.情态

人们的多种情绪都能从脸部表情中反映出来。脸部表情可以真实、准确地反映出感情，并将信息传递出去。比如，和蔼亲切的表情可以向他人传递友好的信号，一张生硬的面孔会给别人一种冰冷和疏远的感觉，而微笑和认真倾听的神态则会让对方感受到重视和关怀。

（1）微笑。微笑是用无声的笑容来传达信息。事实上，笑容拥有一种神奇的魔力，它既能作为一种言语交流的"润滑剂"，又是一种沉默的"交际世界语"，无须"翻译"，来自各种族、各民族的人们都可以理解。这是一种以礼相待的根本条件，也是一种令人轻松愉快、易于被人接纳和赏识的方式。真诚的微笑能传递出友善、关注、尊重、理解等信息。微笑是一种知心会意、表示友好的方式，是在服务接触过程中最有吸引力、最有价值的面部表情。笑容可掬的民航服务人员总能给人以亲切、友好、热情的印象，让人有一种如沐春风的感觉。如果在工作上发生了一点小差错，民航服务人员微微一笑，就含有"对不起"的歉意，可以消除对方的不满情绪；与旅客交谈时，面带微笑，令旅客感到亲切、信任和真诚。微笑还可以与其他体态语配合，代替有声语言的沟通。如果你觉得难以接受，可以微笑着摇一下头，以示委婉谢绝，这样就不会让对方觉得尴尬了。

（2）眼神。眼睛是心灵的窗户，是传递信息有效的途径和方式。研究发现，眼神是最能揭示一个人内在想法的方式。用眼神来沟通，既可以获取自己想要的资讯，又可以吸引别人的注意力。在与乘客交谈时，应以真诚的眼神看着对方；乘客可以从服务人员的眼神和表情中，看出他们的态度是否是真心真意，从而可以判断他们的欢迎和关心程度，也可以从他们的眼神和言行中，获得用来判断对方是否可靠的蛛丝马迹。看不到对方的眼睛，你就不能理解他在说什么，也很难确定，对方对自己的讲话究竟会作出怎样的反应。所以民航服务人员在与乘客的交流过程中，一定要保持正常和自然的眼神交流，不然就会给人一种拒他人于千里之外的感觉。当然，在服务过程中，民航工作人员也不要总盯着乘客上下打量,更不能注意或久视乘客的生理缺陷,以免使乘客感到难堪、窘迫或尴尬。

2.仪态

仪态是指在某一场合中,人体通过静止姿态所传递出来的一种信息,它可以折射出一个人的精神面貌和修养水平。在民航服务中主要有站姿、坐姿、蹲姿、行姿。站姿要求上体正直,头正目平,挺胸收腹,立腰收臀,嘴唇微闭,表情自然;坐姿要求上体正直,头部端正,双目平视,两肩齐平,下颚微收,双手自然搭放;蹲姿主要有高低式、半蹲式等,要求一定要做到姿势优美,两腿靠紧,臀部向下,使头、胸、膝关节不在一条直线上,这样才能打造出典雅优美的蹲姿;行姿要求上身挺直,收腹立腰,摆臂自然,姿态优美,步伐稳健,动作协调,走成直线。

仪态是一种通过姿势和其他象征性姿态进行交流的手段。在沟通过程中,肢体语言的运用也非常重要,很多时候,只要几个细微的肢体语言就可以化解旅客的冲突,这需要服务人员在工作中观察和总结。比如,在倾听的时候,因为乘客是坐着的,那么服务人员就要稍稍侧身,但要与乘客之间留出一段距离,这样才能让乘客感受到自己的尊敬。

营造良好的民航服务环境、打造一个高品质的民航服务品牌、吸引更多的服务对象是每个航空公司努力追求的目标,而语言交际无疑是成就这个目标的关键。在客舱服务中,民航服务人员不应该把语言交际仅限于语言的交流,而要将各种交流技能结合起来,注意诸如微笑、眼神交流和手势姿势等方面的细微差别。温和的表情、恰当的目光交流、得体的言行会增加他人的信任和亲近。

二、民航服务语言的运用

(一)规范职业用语

服务人员与旅客沟通时,所使用的职业用语应通俗易懂,服务人员应使用简洁规范的语言提供耐心、细心的服务。

序号	用语类别	主要内容
1	服务常用的礼貌称呼	您、先生、小姐、女士、叔叔、阿姨等。
2	问候用语	欢迎、早安、晚上好、您好、再见、欢迎登机等。

续表

序号	用语类别	主要内容
3	服务用语	请问您需要毛毯吗？ 很抱歉,航班由于天气原因延误了,我们会及时为您提供最新信息。 让您久等了。 请稍等,我会尽力解决。 请问,还需要我帮助吗？ 对不起,我可以收拾小桌板吗？ 洗手间现在有人,请您稍后。 对不起,机组没有医生;这就为您广播找医生。 对不起,是我弄错了,我立刻给您找一份。 是,马上给您拿来。 感谢乘坐本次航班;希望再次见到您。 ……
4	特殊情况时服务用语	对不起,请您收起小桌板,就要着陆了。 飞机10分钟后要着陆,请您系上安全带。 请别让孩子在过道走,飞机颠簸得厉害。 对不起,女士,我能看看您的登机牌吗？ 请不要这样。 请您注意,不要在客舱内使用手机。 ……
5	禁止使用的服务用语	嘿! 老头儿! 土老帽儿! 没有了! 供应没了! 你去告好了! 这不关我的事! 你问我,我问谁去？ 不是告诉你了吗,怎么还不明白。 我忙不过来。 ……

(二)多听少说,给旅客留有余地

　　一般人在倾听时,通常会有如下情形:一是很容易打断对方讲话;一是发出认同对方的"嗯……""是……"等一类的声音。最好的倾听方式是保持沉默,不要插嘴,双眼注视对方,直到他们说完了,才发表自己的看法。民航服务人员在与旅客沟通的过程中,理想的情况是让旅客多发言,服务人员多倾听,才会获得更大的主动权。以一种轻松的姿态,温和的语气讲话,旅客才会更愿意听你的话。

一些航空公司和乘客交流时,往往有意或无意识地在一开头否认旅客所说的话。服务人员虽然只是下意识地说出了一句话,但这些话却十分不礼貌,没有考虑到旅客的感受;而且对旅客的言行予以全盘否定,不留一点余地,让旅客感到很是尴尬。有的时候,若碰到旅客情绪低落、状态不佳、身体不适等情况,当听到服务人员说出毫无余地的话语后,一定会感到更加刺耳,进而火冒三丈。因此,民航服务人员在与旅客沟通时,要多倾听、少说话,不要对旅客的言语和行为作出负面评价。

(三)说错话后及时补过

人非圣贤,孰能无过。民航服务人员也是人,不论如何小心,有时忙起来,也难免会不由自主地说出一些令旅客不悦的话。如果言语不当,冒犯了客人,应该怎么办好呢?最好是,一旦意识到自己说错了,立即改正,立即赔礼道歉,不要一而再再而三地犯错。人的心理状态会随着对方语言的变化而发生变化。如果你一不小心说出了伤人的话语,只要你能够及时地补充一句,让人感受到你的真诚和歉意,那么之前的伤害会减少许多。

(四)善于运用沟通三大要素

文字、声音以及肢体语言是人与人面对面沟通的三大要素,影响比例分别为文字7%、声音38%、肢体语言55%。一般人在与人面对面沟通时,往往会着重注意谈话的内容,而忽略了声音和肢体语言。其实,沟通便是要努力和对方保持一致,并进入别人的频道,也就是说,你的声音和肢体语言要让对方感觉到你说的话和你的想法完全吻合,否则对方无法接收到正确信息。

民航服务人员在服务的过程中,要善于运用微笑服务,微笑是最坦荡和最有魅力的一种表达,是服务人员美好内心和友好诚恳的一种外在体现,也是服务人员与旅客进行交流与沟通的一座美好的桥梁,更是民航服务人员化解服务矛盾的有效方式。

【思考题】

1.民航服务语言有哪些分类?

2.使用民航服务语言的时候,大致需要注意哪些地方?

3.请举例说明民航服务语言的大致运用。

实操题

假设在航行中遇到VIP旅客用电子设备播放电影并外放声音的情况,应如何应用语言沟通技巧进行处理,请模拟操作。

任务六　民航服务的跨文化沟通特点

一、跨文化客舱沟通的特点

　　沟通是人和人之间传递思想与感情的重要手段,是人们赖以生存的交际活动,应用于生活、工作的方方面面。跨文化沟通是来自不同国家、不同民族的群众之间的交流,是人们使用不同语言沟通交流思想和感情的过程。跨文化沟通以语言为媒介,形式上既包括人与人之间直接的口头交流,也包括书面材料、电话、网络等类型的交流。跨文化,应有狭义和广义之分。狭义的跨文化,主要指中西方的文化差异,表现在语言、风俗、宗教等方面。而广义的跨文化应涵盖由于不同地理分布特点造成的不同群体在语言、风俗、思维、文化等方面的差异,并非只涉及国别的差异,国内不同地域的方言、习俗等方面的差异也属于跨文化的范畴。

　　客舱沟通是客舱乘务人员从事客舱服务和管理工作时与乘客之间进行沟通交流的方式,通常发生在万米高空之上的客舱里面。在密闭且狭小的空间范围内,客舱沟通不仅会受到噪声的干扰,还需要考虑安全方面的问题,是一种颇具挑战和难度的沟通形式。当前乘坐飞机已成为大众日常普遍的出行方式,无论是世界不同国家的人,还是国内来自不同地域的群众,都会与客舱沟通产生直接关联。因而,作为客舱沟通的主体——客舱乘务人员,他们也必然面临跨文化交际和沟通的问题,必然需要应对跨文化沟通引发的千奇百怪的问题。尽管条件艰苦、困难重重,但是沟通在客舱服务中必然是最主要的手段。在客舱中,沟通也是乘务人员完成客舱服务与管理的关键手段。如何与乘客进行良好有效的沟通交流逐渐成为乘务人员在工作中需要不断提升的工作技能。无论是客舱沟通,抑或是跨文化的客舱沟通对客舱服务以及飞行安全而言,都显得至关重要。而跨文化客舱沟通除了受到客观条件的制约,还与不同国家、不同民族、不同地域的文化背景、风俗习惯,甚至与跨文化交流的参与个体差异息息相关。

　　客舱乘务人员在客舱服务中要有效处理跨文化沟通问题,就必须清楚把握跨文化客舱沟通的特点。它不同于日常生活中的寒暄与交流,跨文化客舱沟通本质上是一种工作语言。但它也并非一般意义上的工作语言,跨文化客舱沟通受到飞行环境、飞行安全的限制,同时又受到民族、地域文化因素的制约。可见,跨文化客舱服务沟通相对于一般客舱服务沟通而言,更为复杂、更难操作、更具挑战。

(一)跨文化客舱沟通受更多语言因素限制

语言是人与人之间沟通的媒介,语言反映人的思维,人又通过语言表达自己对于世界的认知。在任何语言沟通交流中,语言顺畅都是前提条件,跨文化交流如是,跨文化客舱沟通更是如此。跨文化客舱沟通必然会面临语言障碍的问题。不同语言的语音形式、词汇形态、语法结构、语言使用都有较大的区别,它们都会对跨文化客舱沟通造成阻碍。

语音是由人体器官发出的代表一定意义的声音,是语言的物质外壳。就英语和汉语而言,二者在语言系统上就表现出明显的差异,其中最有特色的是声调。声调是依附于音节的高低抑扬变化,这是汉语的语音区别于英语及其他语言语音形式的重要特点。汉语普通话有阴平、阳平、上声、去声四个声调,而英语没有声调只有语调。这就导致将汉语作为第二语言学习的外国人在说汉语的时候会出现因声调不准确而导致无法正确表达自己需求的现象。即使在中国境内,不同地域的□□□□的发音方面都有较大差异,也存在无法使用标准普通话表达自己诉求的□□□□□员在客舱服务过程中无论是面对国外友人,还是面对国内来自不同方言□□□□文化客舱沟通时,都需要预判语音发音可能为跨文化客舱沟通造成的沟□□□□□因此对正常的客舱服务工作产生影响。

词是最小的有音、有义且可以独立运用的语言单位,是意义的承载体。不同群体的人的思维方式不同,使用不同语言的词义编码形式也不尽相同。比如,汉语的"国家"一词包含了"国"的意义,也包含了"家"的意义;而英语中的country一词只有"国"的意义而没有"家"的意义。这是汉语词汇和英语词汇在编码理性意义时的差异。同样,汉语词汇和英语词汇在编码色彩意义时也会表现出较大差异。比如,英语单词peasant和farmer,都对应汉语的"农民"一词。"农民"一词在汉语里是中性义词,不含贬义色彩。但英语中的peasant有明显的贬义倾向,而farmer一词较为中性。对于客舱乘务员来说,在跨文化客舱沟通时英语是主要的沟通语言,如果在使用英语词汇时,忽视了这一语言特征,可能会造成乘客的误解,从而引发跨文化客舱沟通冲突。

语言的运用涉及人对语言的使用和理解,也包含人运用语言进行交际的形式。跨文化交流跨越了不同的民族和文化，因而跨文化交流时更需要注重语言的使用方式和技巧。从语用的角度而言，跨文化交际和非跨文化交际一样，只是交际方式和技巧的问题。跨文化交际更关注语言使用者在跨文化交际中如何恰当得体地使用语言和理解语言，从而有效避免语用失误的出现，实现跨文化交际成功。语言交流普遍遵循合作原则和礼貌原则，但在跨文化交际中，受不同文化背景影响，人们的交际习惯和风格也有所不同。比如，西方人倾向于用直接的形式表达自己的想法；但亚洲人的表达方式更为含蓄、迂回。这就要求客舱乘务人员在进行跨文化客舱交流时，选取适合对方的语用形式和技巧。

跨文化客舱沟通必须依靠语言为媒介，因而消除语言障碍是实现跨文化客舱沟通的基础。客舱乘务人员需要熟练掌握目标语言的语音、词汇、语法、语用特点，避免因自身的语言问题造成跨文化客舱沟通的问题。同时也需要预判乘客在使用汉语普通话时在语音、词汇、语法或语用方面的困难出现的语误，以此减少跨文化客舱沟通时的阻碍和误解。

(二)跨文化客舱沟通受更多文化因素限制

文化反映出不同民族、不同群体的内在心理，是经过长时间积淀形成的。它不仅影响人们的思维方式和价值观，同时也影响人们的行为和交际。客舱乘务人员在进行跨文化沟通时，除了语言的障碍，还会受到文化差异的限制。在跨文化沟通交流过程中，冲突和矛盾往往都与文化差异有关。文化背景的不同，导致思维方式、表达方式不同，从而引发交际中的冲突和矛盾。跨文化交际如此，跨文化客舱沟通更是如此。

宗教信仰是文化的重要组成部分。宗教信仰不同，对跨文化交际以及跨文化客舱沟通有较大影响。宗教信仰是一种文化现象，为人们提供情感、行动方面的支撑。宗教不仅塑造了人们的价值观，也影响着人们的生活习惯、思维方式，同样也影响着人们的交际方式。世界上有三大宗教——佛教、基督教、伊斯兰教。跨文化交流必然涉及三大宗教的理念和信仰之间的交叉和碰撞。不同宗教有不同的文化习俗，表现在生活的方方面面，跨文化交流时要时刻注意语言表达的细节。

在文化冲突中，时间观念的冲突对跨文化交际也有极大影响。不同的民族、不同的国家对时间的认识和观念存在差异。我国地域辽阔、人口众多，由于地理环境、人文环境不同，不同地区的人对时间的观念有所不同。在经济发达的地区，人们更追求工作效率，因而更重视时间观念。而经济落后的地区，主要还关注社会温饱、治安稳定等基础问题，鲜少会关注工作效率，也就不太注重时间观念。世界范围亦是如此，对时间的认识也受地域因素影响而有不同。经济发达国家普遍更注重时间,他们采用单向的时间取向,认为时间是重要的资源,有计划地安排和使用时间,注重守时。而经济欠发达的边远国家坚持多元、多向的时间观念,其对时间的利用有很强的随意性和模糊性。

当然,文化差异除表现在宗教信仰、时间观念、风俗习惯外,还有很多表现,比如:饮食、称呼、问候等。文化差异对跨文化客舱沟通的影响是突出的,是造成跨文化客舱沟通矛盾和冲突的主要因素。因此,客舱乘务人员应该有意识地注意不同国家、不同地区的文化差异,通过提升文化常识进一步提高自己的跨文化敏感度。

(三)跨文化客舱沟通受更多个体因素限制

跨文化交际就是在不同的文化背景下进行交流,以达到传递信息的目的。既然是跨文化交际,交际者也必然在文化及社会背景、宗教信仰、性格年龄、政治经济、兴趣爱好上都有所不同。个体的性别、性格、知识水平、思考问题的方式,都会对跨文化交流产生重要影响。

从性别来看,男性在社会中更具竞争性、独断性,而女性则表现得更加柔和,更具有亲和力。由于男性和女性性格特点的差异,在跨文化交际中必须考虑性别因素,否则会导致交际失误,使得交际无法顺利进行。在跨文化交际中,性别因素对跨文化交际有着重要的影响。根据调查,男性在跨文化交际中往往表现得更加主动、大胆、自信,更能够与陌生人交流,融入新群体。而女性在跨文化交际中相对比较含蓄,主动性偏弱。但这并不意味着女性不适合从事跨文化交流,女性在交际中具有友好包容、擅于移情、敏感细心等特点,这也是跨文化交流必不可少的特质。了解了性别因素、性别差异在跨文化交际中的特点,就可以更好地优化客舱沟通中男性和女性的职责分工,根据状况的不同,对象的不同,选择更适合的客舱乘务人员应对问题,可以提高跨文化客舱沟通的效率。

此外,在全球化高度发展的今天,世界各国的国际交流日益频繁,日渐深入。不仅关乎语言交流,也涉及政治、经济、教育、文化等多方面的交流。因而,跨文化交际对知识水平、文化认知也提出了更高的要求。跨文化交际是一种社会行为,不同国家的人相互交流时都带有各自国家的文化属性,体现不同的人生观和价值观。因此,掌握不同国家的文化历史、理解不同国家的言语和行为方式在跨文化交际中十分重要。由此可见,跨文化客舱沟通的成效与客舱乘务人员的文化知识水平也不无关联。高质量的跨文化客舱沟通需要客舱乘务人员自身具备一定的知识积累,以及较强的学习能力。只有这样才能在跨文化客舱沟通过程中做到不违背对方的文化价值观念,使跨文化客舱沟通达到预期的效果。

由于个体来自于不同的群体,他们的思维模式也不尽相同,这也会对跨文化客舱沟通产生一定限制。不同文化背景导致认知事物的角度、方式不同,亦即思维方式不同。思维方式与语言关联密切,是语言生成和发展的深层机制。同时,思维方式与文化密切相关,是文化心理特征的集中体现。从文化角度看待思维方式,二者的关系表现为不同的文化造就不同的思维方式,而不同的思维方式塑造不同的文化,两者相辅相成。不同的文化背景所造就的不同思维方式对跨文化交际者也会产生直接的影响。典型的中国式思维方式是发散式的思维,不注重逻辑的线条性和严密性。西方的思维方式是链条式,注重思维的逻辑性,思考和推演过程通常环环相扣。这就导致在跨文化交际过程中会因为思维方式的不同造成矛盾与冲突。作为客舱乘务人员,在跨文化交际中应尽可能避免只以自身的思维模式为主导,而拒绝从对方的文化视角思考和认识事物。

由此可见,跨文化客舱沟通同参与其中的个体的性别、思维方式、文化水平等个体因素都有关联。除此之外,个体的性格差异、心理状态、控制情绪的能力等也都与跨文化客舱沟通相关。

综上,跨文化客舱沟通是一种特殊的沟通形式,相对于非跨文化沟通而言,它受到更多语言因素的约束,也会受到更多文化差异的制约,而那些交际参与者的个体因素,比如性格、性别、思维、文化层次等在跨文化客舱沟通中被放大,对跨文化客舱沟通的开展造成更大阻力。总而言之,跨文化客舱沟通是挑战更大、困难更多的一种沟通形式,对客舱乘务人员在语言、文化、个人素养方面都提出了更高的要求。

二、影响跨文化客舱沟通的因素

跨文化客舱沟通的障碍包括语言障碍、文化障碍、思维方式的差异以及文化偏见等。语言障碍是指双方交流时存在的语言障碍。由于人们使用的语言不同,有时会对消息的传递造成障碍。此外,文化障碍也可能导致跨文化交流出现障碍。文化差异使得人们理解彼此的想法存在困难,也可能会影响双方信任和沟通的发展。此外,思维方式的差异是另一个跨文化交流的障碍。人们的思维方式是由文化环境所决定的,在进行跨文化交流时,由于两种不同文化的思维方式不同,可能会造成沟通混乱。同时,如果彼此缺乏文化尊重和接受,可能会产生文化偏见,从而制约跨文化交流的进程。

跨文化客舱沟通既可以通过言语行为实现,也可以通过非言语行为实现。言语行为是指通过语言符号实现沟通和交际；非言语行为包括面部表情、神态、手势、服饰、语气、距离等，都可以在人与人的沟通中传递或者增添信息。言语行为和非言语行为在日常沟通中都是很重要的手段，言语行为是跨文化客舱沟通的基础，但非言语行为是决定跨文化客舱沟通质量的关键。原因在于跨文化客舱沟通中非言语行为更容易受到文化差异、个体差异的影响，造成沟通中的冲突矛盾。

因此，影响跨文化客舱沟通的因素既包括言语行为方面，也涉及非言语行为方面。

（一）语言种类的多样性

语言是人类最重要的交际工具，它是以语音为物质外壳，以词汇为建筑材料，以语法为结构规律而构成的体系。世界语言十分复杂，据联合国调查，目前全世界有5000~7000种语言，它们分布在世界的不同国家、不同群体。语言的不同表现在语音、词汇、语法、语用等方方面面，会造成语言沟通的障碍。另一方面，不同的语言承载着不同的文化背景、思维方式和民族理念，因而语言的不同会导致跨文化交流中的冲突和矛盾。

中国民航的定期航班航线一千多条，连接世界上30多个国家，近200个城市。客舱乘务人员在客舱工作时会遇到来自世界各地的乘客，实现语言的顺畅交流是进行客舱服务沟通的基础。这需要客舱乘务人员不仅掌握标准且流利的普通话，同时也需要熟练掌握汉语以外的语言。但当前中国民航客舱乘务人员的外语水平普遍不高。根据中国语言生活状况报告，中国民航客舱乘务人员中英语水平达到大学英语四级的占49%，而达到大学英语六级水平的仅有38%。从客舱乘务人员对自己的英语水平评估来看，56.4%的乘务人员认为自己英语水平一般，46%的客舱乘务人员认为自己英语水平良好，3.6%的客舱乘务人员认为自己的英语表达为熟悉。

总体上，跨文化的客舱服务对外语的需求较高。跨文化的客舱服务沟通除了需要借助英语为语言媒介外，还需要其他语种的外语。因此客舱乘务员中，超过半数的人都有学习多种外语的需求。具体包括法语、日语、意大利语、德语、阿拉伯语等，这取决于客舱乘务员工作的航线。

（二）语言表达的间接性

人们在使用语言交际时，往往难以做到直接表达自己的观点。会通过修辞来表达言外之意，会通过引用习语等来间接表达自己的意愿或观点。我们称之为语言表达的间接性或委婉性。以汉语为例，中国是礼仪之邦，在言语表达上也讲究礼节，倾向于更隐晦、委婉表达观点。这并非中国人独有的表达习惯。语言表达的间接性是一种普遍现象，各种语言都存在语言表达的间接性。

语言表达的间接性并非因人而异,而是语言表达、会话交际本身的特点。这为客舱服务沟通带来了极大的困难。客舱服务人员应该在客舱服务过程中避免语言表达的间接性给乘客带来的不适,主动适应语言表达的间接性带来的工作交流中的不便。一方面,客舱乘务人员应该正确认识语言表达间接性是由于人和人之间有亲近疏远、角色地位等差别造成的。客舱乘务人员与乘客初次见面通常都是以陌生人的身份,彼此缺少了解,因而在语言表达上很难轻松自然。此时,需要客舱乘务人员敏锐地察觉乘客的需求,以及设身处地地为乘客做好客舱服务。此外,客舱乘务人员与乘客之间存在服务者与被服务者的角色地位差异,作为客舱乘务人员需要通过语言沟通实现让乘客配合客舱安全工作。于是,在二者之间出现需求大小的不同。显然,客舱乘务人员对乘客的需求更大,因而在语言表达时务必要合理委婉地使用语言进行沟通,以便乘客更好配合工作。

(三)文化背景的差异性

语言的语音、词汇和语法会造成跨文化交流中交际障碍,但跨文化交流中的交际失误更多是由于文化差异而造成的。尽管语言交际有其内在的普遍规律,比如 Grice 提出会话遵循会话原则(数量原则、质量原则、关联原则、方式原则),Leech 补充的礼貌原则(得体、慷慨、赞誉、谦虚、一致、同情)都是对会话交际规律的概括,也是对会话交际的约束。但不同群体、不同国家的人在实际的对话交流中往往又会以不同的方式说话,其中的差异性极大。这些不是语言规律可以解释和规定的。文化背景的不同,导致思维方式和表达技巧也有所不同。这才是造成跨文化交流出现交际失误的主要因素。

中国自古以来都是礼仪之邦,"礼"的观念表现在中国人行事的方方面面。中国古礼的本质是维护封建社会的等级制度,要求人人明确自己的身份地位,规范自己的言行以符合礼制的要求,其中最典型的原则是卑己尊人、以和为贵。这就导致中国人的语言表达更间接、更委婉。但西方讲究人际关系的平等,因而中国的一些交际礼仪并不适用于西方。

(四)心理因素的干扰性

沟通交流过程中,双方的心理和情绪也会影响沟通的结果。当交际者处于愉悦、兴奋的状态时,他们更愿意积极参与沟通;而当交际者处于低落、焦虑状态时,他们参与沟通的意愿并不强烈,沟通很难达到预期效果。在跨文化客舱沟通交流时亦是如此。人是情绪动物,情绪会影响人的正常思维和行为。当人处于郁闷、悲伤、愤怒或兴奋中时,会产生沟通障碍。乘客有不同群体、不同职业、不同地位的差异,也有不同性格的差异。不同性格的乘客,需要不同的应对措施。不同沟通对象,适合使用不同的沟通方式。如果选择不当的沟通方式,双方的沟通可能会不愉快,甚至难以正常进行。

此外,沟通双方的心理和情绪会受到交际环境的影响。同样的交际环境,交际的效果会因个体差异而产生不同的交际效果。而同样的个体,在不同的交际环境中也会有不同的交际效果。因此跨文化交流除了会受语言、文化的影响,也会受环境、心理等因素的影响。飞行环境会对乘客的心理有一定影响,这种情况下,交流会更加敏感。在客舱交际过程中,由于大众对航空知识缺乏了解,在飞行过程中乘客会高度紧张,进而出现言语表达不清的情况。由于乘客心理上的压力、语言能力的局限等因素,乘客会更紧张更敏感,因而会影响客舱中的言语交流。

这为本就困难重重的跨文化客舱沟通又增加了难度。此外,也会对乘务人员的心理造成交际障碍。由于飞行压力、语言障碍,部分乘务员可能会高度紧张,在交流时出现腼腆、紧张等现象。交际遇到困难时,部分乘务员为避开跨文化交际,于是选择逃避。

(五)沟通方式的不合理性

沟通是人与人之间通过一定的媒介载体交换信息的方式,是人类活动的重要组成部分。沟通的过程受多种因素的影响,语言本身的障碍和特征、沟通主体的主观因素以及沟通发生时的客观环境都是影响沟通成败的因素。除此之外,沟通发生时沟通主体所使用的沟通技巧对沟通能否达到预期效果也有至关重要的作用。沟通除了使用语言媒介,还需要讲究方式和技巧。沟通有书信、邮件、电话、面谈等多种形式。对于客舱乘务人员而言,与乘客的沟通以面谈为主。这就需要借助更多的沟通方式和技巧。除了言语行为,还应该充分利用客舱内的非言语行为来保障沟通有效进行,比如眼神、表情、肢体动作以及客舱的内部环境设置等等。

无论是言语行为还是非言语行为都要采用合理的沟通技巧,这是客舱乘务人员需要进一步提升之处。客舱工作中会遇到各式各样的突发状况,合理、有效的沟通技巧必不可少。比如:登机过程中乘客行李较多,或者乘客随意放置行李时,都需要乘务员及时用语言提示乘客,过程中势必会出现语言语气使用不当引发乘客不满的情况;老人、小孩等旅客乘机时需要特殊关注,若乘务员态度冷漠,甚至表现出不耐烦,或沟通时使用命令语气等,会导致老人情绪紧张,难以清晰表达自己的需求,小孩失落害怕,更易哭闹,从而影响更多乘客;对于未选上满意餐食以及未用到餐的乘客,若乘务员未及时与乘客沟通,不能采取有效的沟通方式,会影响乘客的乘机体验。如何合理采用沟通技巧,则可以有效避免上述问题。

在跨文化客舱沟通中,沟通技巧对于客舱乘务人员更加重要。有效、合理的沟通技巧可以避免因语言障碍、文化背景差异等因素而引起的沟通问题。客舱乘务人员在跨文化客舱沟通时容易出现的不合理沟通现象包括以下情况:

第一,因交际习惯不同,使用不当的称呼语、问候语,甚至进行不恰当的恭维。尊敬老人、帮助老人在中国文化里是传统美德,我们会从言语上行动上表达对老人的关爱。但在西方文化中对老人的过于关心和关注会伤害他们的自尊心。因此,无论是称呼还是问候时,客舱乘务人员都需要注意。再者,问候小孩子时,中国人会通过摸头表达对孩子的喜爱,但在部分国家的文化中头不能被他人随意触碰。中国人的文化观念里问候和关心总是热情的,但在西方文化中过度的问候被认为是对个人隐私的不尊重。因此,跨文化客舱沟通中要避免使用中国式的问候语。

第二,因民族文化不同,对部分民族存有偏见,或者区别对待。衣着装扮是跨文化沟通中的非言语交际的组成部分。人们经常通过衣着装扮来判断一个人的职业、文化水平、社会地位和审美品位。在跨文化沟通中,衣着装扮也体现出其民族文化的价值观、审美观以及宗教信仰。对于不同民族的服装装饰,客舱乘务人员要做到理解、尊重,以平常心对待,不要过度关注差异性,也不要心存偏见,避免引起跨文化的误解和冲突。

第三,因缺少移情能力,造成跨文化中的情绪化沟通。在跨文化的客舱环境中,来自不同国家的乘客汇集一堂,相互之间也会因为文化背景、风俗习惯的不同引起矛盾和冲突。客舱乘务人员作为客舱服务和管理工作的主体责任人,必须保持沉着冷静,在混乱的情境中保持稳定的情绪,发挥自己的专业素养调节和处理好跨文化环境中客舱里的突发情况。此外,要调动自己的移情心理,设身处地去为不同文化背景的乘客考虑他们的所需所想,尽量在矛盾发生之前,为其提供及时的关怀与服务,避免在飞行过程中出现严重的跨文化冲突。

跨文化客舱沟通对国际交往、传播中华优秀文化有重要意义,但也面临着潜在的挑战和障碍。要有效地进行跨文化客舱沟通,客舱乘务人员应尽量采取与乘客一致的语言交流,提高沟通的质量。此外,必须清楚了解彼此的文化背景,尊重彼此的文化差异。有效的跨文化交流也需要客舱乘务人员保持正确的态度,掌握有效的沟通策略。客舱乘务人员应该掌握更多的跨文化沟通技能,包括文化理解技能,解决文化冲突的能力,语言表达技能,以及辨证思维等。此外,客舱乘务人员还应练习多种交际方式,如模拟训练、文化学习、互动游戏等,以更好地进行沟通。另外,在实践跨文化交流的过程中,应注意避免使用粗鲁或离谱的话语,尤其是在处理和解决文化冲突时,应该更加谨慎,充分考虑对方的感受。此外,在跨文化交流中,双方也应该通过探讨文化背景,建立双方的信任和理解,以便更好地沟通交流。

　　总之,跨文化客舱沟通在客舱服务和整个飞行过程中尤其重要,也颇具难度。跨文化客舱交流是一个复杂而有挑战的过程,客舱乘务人员必须从语言、文化、心态等多方面提升自己,学习使用有效的沟通策略,才能有效地实现跨文化交流。

【思考题】

1.跨文化客舱沟通有哪些语言因素的限制?

2.跨文化客舱沟通有哪些文化因素的限制?

3.影响跨文化客舱沟通的因素有哪些?

4.客舱沟通时容易出现的不合理沟通现象包括哪些?

民航服务沟通的
基本策略

学习目标

知识目标:掌握民航服务中主要的沟通障碍类型,理解导致沟通障碍的原因。

能力目标:能够运用相关技术和方法有效规避沟通障碍。

素质目标:在二十大精神的指引下,理解沟通障碍背后的文化差异,提升服务质量。

思维导图

民航服务沟通中的心理障碍与除障策略
- 沟通障碍的类别
- 影响因素及除障策略
- 沟通的步骤

有效倾听及规避策略
- 倾听的重要性
- 倾听的定义
- 有效倾听的技巧
- 影响倾听效果的其他因素

非言语交际策略
- 方式和含义
- 沟通类型
- 特点及作用
- 情态语言沟通技巧
- 身势语言沟通技巧
- 空间语言沟通技巧
- 干扰因素

借助语境的策略
- 语境对语言交流的作用
- 语境对民航服务沟通的意义
- 语境提升民航服务沟通的策略

任务一　民航服务沟通中的心理障碍与除障策略

一、民航服务沟通过程中存在的沟通障碍

(一)语言障碍

沟通很大程度是借助于语言来实现的。人们的语言修养有很大差异,同样一种思想,有的人表达得很清楚,有的人表达得不清楚。作为民航服务人员,如果不能清楚、明确地传达相关信息,自然就会影响沟通效率。反之,若语言能力强,就能很好地传达话语的意义。

(二)文化障碍

不同社会群体的个体,常常拥有独特的文化背景,形成截然不同的沟通方式,无论是语言沟通还是非语言沟通,都是如此。由于文化背景的差异所带来的沟通障碍和困难是一种普遍存在的现象。同时由于文化程度的差异,人们在沟通过程中也可能会遇到各种障碍,高文化程度的人可能无法理解低文化程度的人传递出的信息,反之亦然。

(三)地位障碍

有些人轻视服务工作,认为服务人员在身份地位上低于自己。民航服务工作中,有可能遇到不受尊重的情况,甚至被为难、辱骂。相反,有些民航工作者也会自恃清高,认为自己是百里挑一选上来的,态度傲慢,对旅客缺乏耐心,让旅客难以接近。这两种情况和心态,都容易导致沟通障碍。

(四)情感障碍

人与人之间感情的远近会直接关系到交流成效。感情距离近,交流随之容易,反之,感情疏远,逆反心理就容易随之出现,交流就很难进行了。情绪反应过热或者过冷、叛逆、暴怒等情绪对于人与人交流有比较大的影响。

民航服务的沟通除障策略中,"说"是最重要的因素,空乘人员在沟通之前一定要具备清晰、富有逻辑的思维，主动表达自己的沟通动机，理清自己和对方的内心感受。面对冲突要先缓和，并且遵循多赞扬、少批评的原则等。

二、民航服务沟通的影响因素

(一)语言因素

（1）从细节着手尊重他人。根据马斯洛的需要层次理论，每个人都有得到尊重的需要，这一需要在旅客接受服务的过程中尤为凸显。因此，记住旅客的姓或名、主动与其打招呼、称呼要得当，都是最基本的注意事项。如果能进一步做好细节，则会为服务加分，例如使用称呼时要遵循就高不就低的原则，让旅客觉得备受重视。

（2）以他人为中心平衡情绪。在与旅客沟通的过程当中，务必要放弃自我中心论，时刻做到以旅客为中心。时刻调整自己的情绪，当服务者呈现愉悦的状态，旅客也会心情愉悦。

（3）以倾听为重点达成沟通。谈到沟通，人们往往把重点放在提升表达能力上，而忽略了倾听也是沟通中的关键因素。有研究表明：人们每天大约有 80% 的时间都在沟通。沟通中语言的有效性并不仅仅取决于如何表达，而更多取决于人们如何来倾听。掌握倾听的技巧，听懂旅客的"言下之意"，是提升沟通质量的密钥。

(二)非语言因素

非语言因素包括肢体、语音、眼神和表情。正确肢体沟通：在沟通时，要注意与旅客保持最佳的谈话距离和身体姿势。善用语音沟通：悦耳的声音会让人产生如沐春风的感觉，与旅客沟通时一定要注意语音、语调和语速。正确眼神交流：眼睛是心灵的窗户，与旅客沟通时要把握眼神分寸，注视对方以示尊重，但又不能死死地盯住旅客。适时表情沟通：无论何时都要记住最重要的一点，微笑是人类最富魅力的语言，擅长微笑更是服务行业中的必备素养，与旅客沟通要注意保持真诚、愉悦的笑容。

(三)沟通时机和方式

沟通效果不仅取决于语言和非语言所传递的信息内容，还受客观环境条件的影响。影响沟通的环境因素很多，如组织氛围、沟通双方的关系、社会风气和习惯等。沟通者需要敏感地应对环境和事态变化，在不同情况下采取不同的沟通方式。时机不成熟时仓促行事会贻误时机，使沟通信息失去意义。

(四)突发情况

在特殊的环境下，对沟通的方法也有着特殊的要求。因此要达到良好沟通还要求服务者掌握多种"沟通语种"以处理各种各样的突发情况。例如在飞机上碰到听力障碍的旅客,可以通过简单的手语来进行沟通,从而达到沟通的目的。特定环境下的特殊语言具有特定的意义,比如一个笑容能够稳定对方的情绪,一个击掌能增强对方的信心,一个拥抱能使对方感受到关爱。总之,交流双方可通过观察对方的表情、动作、手势等了解对方的心理需求和心理变化,满足对方的生理及心理需要。

(五)服务对象的特殊性

特殊旅客一般意义来说指的是老、弱、病、残、孕。在与这些特殊旅客沟通时也要注意技巧。例如:空乘人员为老年旅客服务时,讲话速度要略慢、声音要略大,经常主动关心、询问老人需要什么帮助,洞悉并及时满足他们的心理需要,尽量消除他们的孤独感;对于体弱旅客应尽可能去关照他们,而又不要使他们感到心理压力,对他们携带的行李物品,要主动提拿,关心他们的身体状况,消除他们对坐飞机的恐惧感;对于病、残旅客,空乘人员要了解他们的心理需求,特别注意尊重他们,有时也可悄悄帮助他们,让他们感到温暖;而对于没有照料自己的能力,而且又容易被忽略的儿童旅客,为了防止一些机上不安全情况的发生,应有专门的空乘人员进行照看。对于初次乘机旅客,要介绍飞机是所有交通工具中比较安全的,请他们放心,舒缓他们的情绪,同时可以亲切地与他们交谈,询问他们此行的目的,以分散他们的紧张心情,使他们感觉到飞机是安全舒适的;对于航空公司的重要旅客,空乘人员为他们服务时要注意态度热情、言语得体、落落大方,尽早向重要旅客的随行人员了解旅客的有关情况及特殊要求、饮食习惯等,针对他们的需求采用相应的服务。部分航空公司有国际航线或航班上有一些国际旅客,空乘人员要了解他们的国籍与身份,要用较熟练的外语与他们交谈,态度要和蔼热情,要注意语言得体,对外宾和内宾要一视同仁。

综上所述,民航服务中沟通是很重要的一部分,只有用心去沟通,才能为旅客提供优质的服务。作为一名民航服务人员,具备良好的沟通能力是做好服务工作、提高服务质量的前提条件。要加大关注"服务沟通"过程的认识,才能形成具有鲜明特色且具有竞争力的高质量服务。

三、民航服务中沟通的步骤

做好沟通前的准备工作。有目的地列出需要沟通的清单,使自己清楚沟通范围和对象,才能做到有的放矢,而不至迷失方向和浪费宝贵的时间。具体有以下步骤:

(1)确认对方的需求。沟通中除了明确自己的目标,还需要确认对方的需求。可以通过沟通过程中的三种行为——听、说、问，来了解对方的需求，并结合自己的目标和需求认清双方的差距所在，从而努力消除差距并最终达成一致意见。

（2）正确地阐述自己的观点。定期评价自己的沟通状况，帮助自己了解在哪些环境中、与哪些对象的沟通状态较为理想，在哪些环境中、与哪些对象的沟通需要改善。在制订和执行计划的过程中，不要对自己提出太高的要求，以免实现不了，反而挫伤自己的积极性，注意小步子原则，即小要求实现并巩固之后，再对自己提出更高的要求。是否能把自己的观点很好地表达给对方，这不但要求说得全面、清楚，而且还要说得艺术，检验的标准就是：对方是否能听得明白以及是否乐于接受。

（3）恰当地处理双方的异议。在沟通过程中，双方意见不一致或有分歧，这是很正常的。这时不应强行说服对方，最好的办法是"借力打力"，即通常所说的巧用对方的观点去说服对方。

【思考题】

1.民航服务沟通中存在的主要障碍有哪些？

2.导致沟通障碍的主要因素有哪些？

3.如何有效规避沟通中的障碍？

任务二　有效倾听及规避策略

一、倾听的重要性

我们每天花费了大量的时间在倾听上。曾有研究显示，人每天的所有行为中，倾听是最频繁的。不会倾听容易导致错过别人语言或非语言传递出来的重要信息，以致你无法准确理解对方的意图。

我们常常站在自己的立场上，带着固有的偏见，认为别人的想法一定是和我们一样的。而我们的揣测往往是和现实有差异的。我们根据自己的判断来猜测他人的意图,由臆想出来的他人意图来决定我们的下一步行为,这些行为又影响着他人的态度和行为。如果我们的想法和行为是不友善的,那么这种恶性循环将会把我们与他人的关系带入深渊。要避免出现这种情况,我们需要了解对方真实的想法,因此,我们必须认真倾听。倾听技能对每个人来说都极具价值,我们了解倾听知识、学习相关技能,对我们的个人发展有重要意义。

二、倾听的定义

倾听可以定义为从他人说话过程中提炼信息的活动过程,它包括以下几个要点:

第一,倾听是一个活动过程,不只是用耳朵听,更是需要全身心投入,关注别人的讲话内容。这必须付出努力后才能够做到,很多时候我们往往只是听,而非倾听。例如,课堂上的教师在台上滔滔不绝地讲课,台下总有学生目不转睛地盯着台上,实际上早已"身在曹营心在汉"。虽然在听,但并不是真正的倾听。因此,同样的老师,同一堂课,不同学生的听课质量却大不相同。

第二,倾听不是单纯地接受信息,更为重要的是对所听到的信息进行重组。即使讲述的内容是一样的,每个人倾听后理解与感受也可能是不一样的。而倾听者的解读也许和描述人想表达的真实含义存在着相当大的差距。

第三,倾听处理的是口头的信息,书面信息和非语言信息都影响着我们对于语言信息的理解,然而,我们只能在有人说话时才能进行倾听活动。

综上所述,倾听至少基于以下三种意图之一:理解他人所传递的内容,将信息进行有效重组,处理所得信息。

三、有效倾听的技巧

倾听技巧是可以通过学习而得来的。每个人都可以通过努力成为有效倾听的大师。具体来讲,主要应把握两个层面的内容:第一,全面收集信息;第二,在倾听中适时作出恰当的反应。

(一)全面收集信息

全面收集信息,可以帮助我们尽可能准确地了解对方想要表达的意思,以便减少我们接下来反应的错误。要做到全面收集信息,就需要注意以下几点:

（1）少说话。人人都有自我表述的欲望，尤其是别人谈论的话题引发了自己感同身受的联想时，常常会打断别人的谈话，开始自己的即兴演讲，倾听宣告失败。有效倾听的第一因素就是控制好自己倾诉的欲望，仔细听别人所讲内容。

（2）集中注意力。注意力分散是收集信息的一大障碍，它很可能导致我们花费了大量时间倾听却一无所获，甚至我们的心不在焉会激怒讲述者，反而破坏我们的人际关系。因此，当面对重要的信息需要倾听时，用以下的方法集中注意力：设置安静且不被打扰的环境，暂时把自己的事情排除在脑海之外，对倾听的内容保持好奇心。

（3）不过早评论。如果我们对不同的见解过于敏感，就难以冷静地去倾听。对批评过分排斥，可能是因为我们把自己的自尊和自己的观点捆绑在一起，认为别人对我们的观点或行为提出批评意见，即是完全否定掉了我们整个人。我们应尝试把自己的观点和自己的自尊区分开，把观点设为一种待验证的假设，将别人对我们观点的质疑和否定视为正常的探讨。

（4）把握内容的实质。基于各种原因，人们在讲述时往往不会开门见山地直抒其意。尤其是在中国，受传统文化的影响，人们往往更喜欢婉转地表达一些观点。因此，在倾听时，我们更要注意去倾听他人的"言外之意"。

（二）在倾听中适时作出恰当的反应

（1）引导。事实上，在很多时候，人们在倾诉一个问题时已经具备处理该问题的能力，并且已经有了解决问题的办法。倾诉仅仅是一种感情的宣泄，并不一定是寻求帮助。因此，作为倾听者，我们需要认识到：可以提供建议，但不能替别人做决定，更不能替别人承担责任。倾听中更重要的是真诚相伴，有时候一个简单的目光、表情和语气，可能就已经表明你"听懂"了对方。

（2）澄清。为了充分理解他人的观点，往往需要获得较丰富的背景知识与资料，尽量详尽地了解事情的经过。澄清无论对倾听者，还是对讲述者，都会产生正面影响。由于各种原因，我们对同样的表述经常存在不一致的理解。询问可以帮助倾听者尽可能准确地理解对方要传递的意思。对于讲述者而言，倾听者的提问可以帮助他们理清自己的思绪，进一步探索自己的想法和感受。同时，在澄清过程中，讲述者可以感受到倾听者对他感兴趣，从而得到鼓励。

（3）诠释。诠释常常和澄清一起使用，是有效倾听中重要的技巧。诠释是指将你对别人所说内容的理解用自己的话转述出来，而避免单纯地重复对方的表述。诠释在倾听中具有重要作用，例如，诠释可以引导对话朝理性方向发展，有助于解决危机；诠释可以及时消除倾听者对表述者意思的误解,为良好的沟通打好基础;诠释可以帮助倾听者集中注意力,并很好地记住谈论的内容。正因此,在沟通中,要特别重视使用诠释这一倾听技术。

(4)支持。人们通常会希望了解别人的想法和感受,并期望得到别人的支持,尤其是在有压力和沮丧的时候。研究数据表明,日常生活中每天微不足道的郁闷和紧张情绪,长年累积后也会严重地威胁人们的心理、生理健康,因此适当的时候获得情绪支持对身心健康大有裨益。

四、影响倾听效果的其他因素

(一)性别

心理学的相关研究显示,男性和女性在倾听中的表现差异明显。女人对情绪表现更敏感,也更容易表现出情绪。女性大多不会评判对方的观点,而是更多地给予支持回应。因此她们在表述时,也倾向于在倾听者的回应中寻求支持。而男性在倾听时会更倾向于评估对方的观点和态度,因此在表述时就倾向于在倾听者的回应中寻求忠告。这启示我们,在与女性沟通时应多顾及感性上的情感支持,而与男性沟通时,我们则要多考虑理性上的忠告支持。

(二)情境

对实际情况的把握,是我们在倾听后作出恰当反应的重要参考。在实际倾听过程中,我们应把握这个原则,尽可能多地收集信息、了解情况,在未掌握情况之前,避免盲目给予建议。当掌握了足够的信息后,再表现出你对对方的关注和兴趣,并给予你的分析、忠告等评价式反应,此时对方更愿意接受。

(三)个人风格

在不同的场景,我们选择的倾听反应也不一样。我们每个人都有自己偏好或习惯的反应方式。有的人喜欢安静地倾听,顺着对方的思维走下去,不断询问,以了解更多信息,同时也帮助对方理清思绪,宣泄情感,而有的人则能够一针见血地指出对方的问题所在,给予建议或忠告,引导对方反思。

(四)对象

另外,还必须考虑个体的性格特征差异。比如,对于忠告,有的人会慎重对待,认为"忠言逆耳",进而反思自己的不足以实现成长;有的人则迅速进入自我防卫状态,认为忠告是一种批评和否定,可能会反感排斥;有的人则利用忠告,逃避自己的责任,希望对方来替自己负责。优秀的倾听者,能够根据差异来调整倾听后的反应方式,会将情境和对象特点结合起来考虑,选择最佳的反应式。

【思考题】

1.谈谈倾听在沟通中的重要性。

2.如何在倾听中全面收集信息?

3.在倾听中作出恰当的回应有哪些技巧?

任务三　非语言交际策略

一、非语言沟通的方式和含义

(一)非语言沟通的方式

专家将非语言沟通的方式分为标记语言、行动语言、物体语言三类。

(1)标记语言用手势、代号等代替文字语言的特殊标记系统,如聋哑人的手语、旗语、交通警察的指挥手势,军队的电码,以及一般人惯用的一些表意形式。例如,食指和拇指围成一个圆圈,其他三指伸开的"OK"记号,表示"可以""不错"之意;第25届世界杯足球赛中,德国著名足球运动员埃劳伯格就是因为对观众做了一个不雅的手势而被教练福格茨驱逐出队;有的小酒店店招上画了一只大高脚酒杯,还有些交通标志如火车、机动车的禁止通行、上坡转弯等,都采用概括性图案加以表现。也有许多相当抽象的视觉符号,如基督教的"十"字、美元的"＄"符号以及许多现代企业的标志,由于长期而广泛的沟通,使它们特指的含义广为知晓。

(2)行动语言是指那些不专门用来表示某种信号的所有身体运动,它不仅表现出身体的移动或完成某个动作的状态,还表达出与此动作有关的其他信息,如吃喝、挥手、亲吻、跺脚等等，它们既有功能意义，又有交流意义。例如：饭桌上的吃相可以体现一个人的教养；一位顾客在排队，他不停地把口袋里的硬币弄得叮当响，这清楚地表明他很着急。

（3）物体语言，指的是人们有意无意地布置一些物体，其特定的形态也能十分准确地表达某种含义，如衣着打扮、环境布置、房间设计等等，也可以起到表意的作用。总把办公物品摆放得很整齐的人，能看出他是个干净利落、讲效率的人；而穿衣追求质地，不跟着时尚跑，这样的人大多是有品位的人。

中医看病讲究"望、闻、问、切"，其中"望、闻、切"就利用了非语言沟通对患者进行观察；京剧演员强调"唱、念、做、打"，其中"唱、念"是语言艺术，"做、打"则是非语言表演艺术，无一不是与非语言表现有关。

（二）非语言沟通的含义

非语言沟通是人类在语言之外进行沟通时的所有符号。概括地说，非语言沟通是不使用语言的沟通，它包含的信息是通过肢体动作、面部表情、空间、声音和触觉等传递的。这里的肢体动作，包括眼神、笑容等脸部表情，坐姿、站姿、走姿、手势等动作，当然也包含脸部妆容、眉形以及服饰状态等要素。

二、非语言沟通的类型

非语言沟通是复杂的、多方面的现象，粗略可以分为情态语言，身势语言和空间语言。

情态语言包括眼神、微笑、眉语、头语；身势语言包括手势语言（引导性手势）、姿势语言（站姿、坐姿、走姿等）；空间语言包括人际社交距离。

三、非语言沟通的特点及作用

（一）非语言沟通的特点

一个整体的形象可以表达出内心的信息，对语言表达的信息做有效的补充，二者相互印证或者反证。事实上，个人内心的情感能反映在其眼神、脸部表情和身体姿态上，是恐惧、害怕，还是开心、快乐，抑或愤怒、生气，或者是伤心——这些都可以从其身体语言表达出来，而不只是通过语言。尤其是非语言和语言表达出现差异时，肢体语言更能直击内心的真实。

1.连续性

只要沟通双方在各自的视线范围内,非语言信息交流就在不断地进行。美国科学家经过实验总结出一个公式:信息的总效果=7%的文字+38%的音调+55%的面部表情。这个公式表明,非语言符号具有非常重要的连续沟通作用。

2.情境性

与语言沟通一样,非语言沟通也受制于特定的语境。情境决定着非语言符号的含义。即使相同的非语言符号,在不同的情境中也会有不同的意义。例如一个人的微笑,在某一种语境中意味着欣喜,在另外一种语境中则有可能流露出讥讽的意味,也就是说,其信息含义的解读取决于沟通的具体语境。

3.组合性

非语言沟通常以组合的方式出现。在非语言行为过程中,人们可以同时使用身体的各种器官来传情达意,因而在空间形态上具有整体性的特点。例如,一个人准备格斗时,通常两手紧握拳头,双臂交叉在胸前,两腿拉开一定的距离站立,两只眼睛狠狠地逼视对方,全身肌肉紧张。这表明,人们的情绪几乎都是由整个身体表达的,要让全身的各个部分表达各不相同或相互冲突的情绪,是非常困难的。一个非语言符号,常伴有其他的非语言符号,形成一种符号体系。

4.真实性

在沟通过程中非语言符号基本上是自然地流露,具有无意识性,也叫非自制性。心理学研究成果表明,人类心理活动的发生都伴有情感因素的参与,当情感变化时,会发生一系列生理反应,例如人在暴怒时,会伴有血压升高、心跳加快、燥热出汗等生理现象。这些机体内部变化体现出的外部表征,人的意志是无法控制的。正是这些外化的表情动作,能够真实地表露其内心秘密。当某人说他毫不畏惧的时候,他的手却在发抖,那么我们更相信他是在害怕。言语沟通所传达的信息大多经过理性的加工和过滤,往往不能直接暴露一个人的真实意愿。一个人说他爱你时,可能是发自内心的,也可能是为了达到某种目的而故意向你撒谎;一个人在奉承你时,心中很可能对你恨之入骨。因此,当语言信息与非语言信息不符或发生冲突时,我们就不愿相信语言信息而宁愿接收非语言信息。

5.隐喻性

按照人类学家霍尔的看法:无声语言所显示的含义要比有声语言多得多、深刻得多,因为有声语言往往把所要表达的意思的大部分,甚至是绝大部分隐藏起来。弗洛伊德也表达了同样的意思:要了解说话人的深层心理,即无意识领域,单凭语言是不可靠的,因为人类语言传达的意思大多属于理性层面。经过理性加工后表达出来的语言往往不能率直地表露一个人的真正意向,这就是所谓说出来的语言并不等于存在于心中的语言。同样是拍桌子,可能是"拍案而起",表示怒不可遏;也可能是"拍案叫绝",表示赞赏至极。同样是流眼泪,在不同的沟通情境中可以表达悲痛与幸福、生气与高兴、委屈与满足、仇恨与感激等完全对立的情感。只有联系具体的沟通情境,才能了解其确切的含义。这样,非语言表达同语言表达的明确性相比较,便具有很大的隐喻性质。

6.无意识性

正如弗洛伊德所说,没有人可以隐藏秘密,假如他的嘴唇不说话,则他会用指尖说话。一个人的非言语沟通更多的是一种对外界刺激的直接反应,基本都是无意识的反应。例如,与自己不喜欢的人站在一起时,保持的距离比与自己喜欢的人要远些;有心事时,不自觉地就给人忧心忡忡的感觉。记不记得?孩提时代,邻居给你糖果之类的美食,你嘴上说着"不要,不要",但是,你的目光、表情,甚至心跳,又是呈现怎样的情景呢?再比如,对于吸烟的烟民,请你观察他们敬烟时的场景,嘴上说着"不吸,不吸",但是,双手还是会不由自主地接过香烟。

(二)非语言沟通的作用

民航的旅客与民航服务人员之间几乎都属于初次见面,而在有限时间内的面对面服务过程当中,双方可能语言不通,同时还有着不同的信仰、文化。这些因素都将会大大影响旅客的服务体验。因此为了提升民航的整体服务水平,学习了解身体语言,并在民航服务沟通中应用身体语言尤为重要。

要想读懂旅客的身体语言,除了要熟练、全面地掌握各类身体语言,还要考虑各国文化以及对旅客的性格特点有所了解,因为不同的性格特点具有不同的典型的身体语言,最后还要结合情境,用同理心去读懂旅客的身体语言。

四、情态语言沟通技巧

情态语言是指人脸各部位动作构成的表情语言,如目光语言、微笑语言等。在人际交往中,目光语言、微笑语言都能传递大量信息。人的面部表情是人的内心世界的"荧光屏"。人的复杂心理活动无不从脸部显现出来。脸部的眉毛、眼睛、嘴巴、鼻子、舌头和面部肌肉的综合运用,可以向对方传递人丰富的心理活动。

(一)眼神(目光语)

眼睛是人体传递信息最有效的器官,它能表达出人们最细微、最精妙的内心情思,从一个人的眼睛中,往往能看到他的内心世界。人与人之间往往有许多事情只能意会,不能或不便言传,在这种情况下,通过观察他人的眼神可以了解他(她)的内心思想和愿望,推知他(她)的态度。可见,目光接触是非语言沟通的一条重要渠道,能够在不同民族之间建立一种信任,可以帮助人们相互理解,鼓励双方更好地沟通。

☆运用目光的礼节

在目光接触中,不同的凝视部位、角度和时间,表明双方的关系也不同。一般可分为以下三种情况:

1.公务仰视

在正式的公务场合,如业务洽谈、会议、谈判等,目光应落在以双眼为底线,额头中上部为顶角所形成的正三角区内。

2.亲密下视

在一般亲人、恋人、家庭成员等亲近人员之间使用,注视的位置在对方的双眼和胸部之间。

3.社交平视

一般在社交场合,如舞会、酒会上使用。位置在对方的双眼与嘴唇之间的倒三角区域。

☆目光停留的时间

与一般公众交谈时,目光与对方接触的时间一般占全部交流时间的30%～60%。若对方是同性,应不时与之目光对视,以示尊重;如果与对方关系密切,可以较长时间注视对方,以拉近心理距离;若对方是异性,双目连续对视时间不宜超过10秒钟,目不转睛地长时间注视异性是失礼的行为。

☆目光的实际应用效果

在与他人沟通时,可在不同的环境中使用虚视、专注、环顾的目光语以提高沟通效果。

民航服务工作者在与旅客沟通的过程中,应该注意双方目光接触连续,累计应达到全部沟通时间的50%以上。在为旅客服务时,眼睛不可走神,也不要将视线集中在对方的胸线以下。不要总是盯着旅客上下打量,这样会让对方感到没有受到尊重,从而使对方感到紧张、尴尬。此外,目光语的运用要分清楚当事双方的社会环境和文化差异。例如对异性挤眼,西方国家的人认为表示调皮诙谐,东方国家的人则认为是调情。西方人认为瞪大眼睛是惊讶的意思,而东方人则认为是愤怒。

(二)微笑

微笑,是人人皆会流露的礼貌表情,不仅为日常生活及其社交活动增光添彩,而且在经济生活中也有无限的潜在价值。

微笑的主要要求是发自内心,它体现的是内心的快乐,是内心情感的自然流露,饱含着对他人的关心和热忱,给人以温暖的感觉。微笑要正确地与我们的身体语言相结合,身体不能表现得懒散、消极。只有做到口到、眼到、神色到,笑眼传神,微笑才能扣人心弦。微笑还要与仪表、举止相结合,以笑助姿、以笑促姿,形成完整、统一、和谐的美。

每一位民航服务工作者都应该有航空服务"标志性"的微笑,这是服务人员与旅客沟通的第一座桥梁。

"标志性"的微笑可以用咬筷子的方法来训练。具体步骤如下:(1)用上下门牙轻轻咬住筷子,看看自己的嘴角是否已经高于筷子。(2)继续咬着筷子,嘴角最大限度地上扬。也可以用双手手指按住嘴角向上推,上扬到最大限度。

(1)保持上一步的状态,拿下筷子。这时的嘴角就是你微笑的基本脸型。能够看到上排8颗牙齿就可以了。

(2)再次轻轻咬住筷子,发出"yi"的声音,同时嘴角向上向下反复运动,持续30秒。

(3)拿掉筷子,察看自己微笑时的基本表情。双手托住两颊从下向上推,并发出声音,反复数次。

(4)放下双手,同上一个步骤一样数"1、2、3、4",也要发出声音。重复30秒结束。

(三)眉语

"眉语"一词最早见于李白《上元夫人》一诗中,原文为:"眉语两自笑,忽然随风飘。"人们常说"眉目传情",即在特定的语言环境中,人们用眉毛舒展或收敛等动作来代替语言,以此表情达意。由此可见,眉毛的动作是对眼神的一个非常充分的补充和配合。眉毛对于我们表情的功能,就是更加充分地展示我们内心深处的感情变化;同时,我们也可以通过"察眉"了解别人的喜怒哀乐。

序号	微表情	含义
1	低眉	当人受到侵犯的时候通常显现这种样子。这是一种带有防护性的动作,通常是要保护眼睛免受外界的伤害。
2	皱眉	可以代表许多种不同的心情,如惊奇、错愕、诧异、怀疑、否定、无知、傲慢、疑惑、愤怒和恐惧。眉头深皱的人一般都比较忧郁。通常来说,皱眉表现为愤怒或为难的情绪。

续表

序号	微表情	含义
3	眉毛一条略低、一条上扬	这样的形态所传达的信息介于扬眉与低眉之间。一般表示一个人半边脸显得激越、半边脸显得恐惧。眉尾斜挑通常处于怀疑的状态。
4	双眉上扬	如果一个人在谈话时将双眉上扬,则表示出一种非常欣赏或极度惊讶的神情。
5	单眉上扬	一条眉毛上扬一般表示不理解、有疑问。
6	眉毛斜竖	说明对方处于极端愤怒或异常气愤中。
7	眉毛正常	这种情景出现在谈话中,表示他不作"任何评价"。
8	双眉紧锁	表示这个人的内心深处忧虑或犹豫不决。
9	眉心舒展	表明这个人的心情坦然,处于愉快的状态中。

(四)头语

头是我们整个人体中最突出的部位,它能表达情感、传递信息,是人际交往中必须重视的一个环节。因为头部集中了所有表情器官,所以往往是人们关注、观察身体语言的起点。

一般情况下,点头表示赞同、欣喜或有兴趣;摇头表示否定、不可理解等。但是,不同的文化也会产生相反的意思,如保加利亚、印度等国家就有"点头不算摇头算"的习俗;而叙利亚人表示"肯定""否定"都是点头,二者的区别则取决于头先向前还是先向后。侧头一般表示疑问或倾听。头挺直,表达出对谈判和对话人持中立的态度,同时还表示自信、严肃、正派、自豪、专注、勇敢、精神等信息。这种态度在人际沟通中很受欢迎。

五、身势语言沟通技巧

身势语言亦称动作语言,指人们身体的部位做出表现某种具体含义的动作符号,包括手、肩、臂、腰、腹、背、腿、足等动作。在人际交往中,最常用且较为典型的身势语言为手势语言和姿态语言。

(一)手势语言

手势语言是人们在沟通中常用的肢体语言。它是指说话人运用手指、手掌和手臂的动作变化来表情达意的一种语言。运用好了手势语言,不但能强调和解释语言所传达的信息,而且往往能使讲话的内容更丰富、形象、生动,让听众可听、可看、可悟。以下介绍一些民航服务中常用的手势语言。

1. 挥手致意手势

伸开右手手掌,指尖朝上,掌心面向对方,轻轻摆动,用来向他人表示问候、致敬、再见。

序号	手势	适用场景
1	横摆式	手臂向外侧横向摆动,指尖指向被引导或指示的方向,适用于指示方向时。
2	曲臂式	手臂弯曲,由体侧向体前摆动,手臂高度在胸以下,适用于请人进门时。
3	直臂式	手臂向外侧横向摆动,指尖指向前方,手臂抬至肩高,适用于指示物品所在。
4	斜臂式	手臂由上向下斜伸摆动,适用于请人入座时。

2. 递物手势

递物时,双手为宜,不方便双手并用时,也要采用右手,用左手通常视为无礼;将有文字的物品递交他人时,需使之正面面对对方;将带尖、带刃或其他易于伤人的物品递给他人时,切勿以尖、刃直指对方。

3. 手势运用的基本原则

手势美是一种动态美,运用手势时要规范且适度,遵循欲扬先抑、欲上先下、欲左先右的原则。手势上界一般不宜超过对方视线,下界不低于腰部,左右摆动幅度约在胸前;手指曲线宜软不宜硬、宜慢不宜猛;不能掌心向下,不能紧攥拳头,也不能用手乱指点。

运用手势要注意:手势不宜过多,也不宜过于单调;在任何情况下都不要用手指指自己的鼻尖,或用手指指点他人;与人打招呼、致意、鼓掌、挥手告别时,要注意适度;为他人作介绍、指方向、请人做某件事时,应掌心向上,手指自然并拢,以肘关节为轴;指方向时上身应稍向前倾,显示自己诚恳、恭敬、有礼的风度。

4. 握手礼

盲人女作家海伦·凯勒曾写道:"我所接触过的手,虽然无音,却极有表现性。有的人握手能拒人千里,我握着他们冷冰冰的指尖,就像和凛冽的北风握手一样。也有些人的手充满阳光,他们握住你的手,使你感到无比温暖。"海伦·凯勒对握手带给人的感觉表述得很精彩。握手的力量、姿势、时间长短能够表达握手人的不同态度和思想感情。标准

握手礼应该在行礼时行至距离握手对象一米处,双腿立正,上身略向前倾,伸出右手,四指并拢,拇指张开与对方相握。握手时应用力适度,上下稍许晃动三四次,随后松开,恢复原状。握手时间应在3秒以内。握手还要讲究伸手原则,即"尊者为先",面对长辈、上级、女士时先伸手,表示对他们的敬重。

(二)姿势语言

姿势语言是指通过坐、立等姿势的变化表达语言信息的态势语。姿势语言可表达自信、乐观、豁达、庄重、矜持、积极向上、感兴趣、尊敬等或与其相反的语义。人的动作与姿态是人的思想感情和文化教养的外在体现。

1. 站姿

站立是人们生活交往中一种最基本的举止。站姿是人静态的造型动作,优美、典雅的站姿是发展人的不同动态美的基础和起点。优美的站姿能显示出个人的自信,能衬托出美好的气质和风度,并给他人留下美好的印象。

正确的站姿应该是:身躯挺直,挺胸收腹,立腰提胯,抬头平视,嘴唇微闭,面容平和自然。双肩放松,保持水平,双臂自然下垂于体侧,手指并拢并自然微曲,双腿并拢直立,双脚之间成45°或60°夹角,距离以不超过双肩为宜。男士站立时,双脚可呈"八"字形,两脚距离小于或等于肩宽,双手搭在一起放在腹部或臀部,也可一只手垂于体侧,另一只手放于腹部或臀部。女士站立时,双脚可呈"V"字形,脚后跟靠紧,脚尖展开成60°至70°夹角,右手可放在左手上,轻贴于腹部,或右脚向前将脚后跟靠于左脚内侧,成丁字步等。

2. 坐姿

坐姿是指人们就座时所呈现出的姿态。坐姿文雅、端庄,不仅能给人以沉着、稳重、冷静的感觉,而且也是展现自身气质与修养的重要形式。

1)入座的规范

入座时要轻、稳、缓。走到座位前,转身后轻稳地坐下。如果椅子位置不合适,需要挪动椅子的位置,应该先把椅子移至适当位置,然后入座。坐稳后,保持上身挺直,不要耷拉肩膀,不要含胸驼背,给人萎靡不振的感觉。无论是坐在椅子上或沙发上,最好不要坐满,只坐一半或不超过2/3。端正挺直上半身能显得比较精神,但不宜过于死板、僵硬,使人感到不自然。年轻或身份低的人采用这种坐姿,能表示对对方的恭敬和尊重。如果坐久了,也可适当地在椅子或沙发上靠一靠,但不能将腿脚直伸,或半躺半坐,更不可歪斜着瘫在沙发上。

2)端坐的规范

端坐时要立腰、挺胸,上体自然挺直。双手的摆放要自然得体,可以轻放在腿上,也可以平放在椅子两侧的扶手上。双膝应自然并拢,双腿正放或侧放。女士端坐时最忌双脚分开跷起脚尖、摇腿,穿裙装忌露出大腿或衬裙等。男士两膝间可分开一拳左右的距离,脚态可取小八字步或稍微分开,以显自然洒脱之美。

3)不同坐姿的效果

一个人的坐姿不仅可以反映他惯常的性格特征,而且能反映此时此刻他的心理。因此,我们在人际沟通中,要注意对方的坐姿,调整与其沟通的方式,以达到更好的沟通效果。

如果对方手脚伸开,懒洋洋地坐在椅子上,说明他相当自信,对谈话对象稍有些瞧不起。如果你不能容忍对方的这种态度,可以找一些远距离的椅子坐下,让他够不着你,并可不断地拿出文件、照片或其他东西递予他看,他便不得不挪动位置,这样就能自然地改变他的心理定向。如果对方习惯坐在椅子边上,说明他不够自信,还有几分胆怯,随时准备站起来,或随时准备中断谈话。

重重坐下来的人,此时的心情是烦躁的,最好不要和他谈重要的事情,否则不会得到满意的结果;而轻轻落座的人,心情一定是平和的,可以与其自由地交谈;侧身坐的人,除了心情舒畅外,还觉得没必要给你留个好印象;喜欢对坐的人,希望能被你理解;喜欢并排坐的人,认为与你有共同语言;正襟危坐、目不斜视的人,或是对你恭敬并力图留下个好印象,或是此刻内心有些许不安;有意识从与我们并排坐改为对坐的人,或是对我们抱有疑惑,或是对我们有了新的兴趣。坐姿因人的个性和心理状态不同而不同,坐姿的表意功能也是比较丰富的。

3.走姿

走姿是人体所呈现出的一种动态,是站姿的延续。它能将一个人的韵味和风度表现出来。

走姿的总体要求是:轻松、矫健、匀速。行走时目光平视,头正颈直,挺胸收腹,身体平稳,双臂自然下垂,前后自然摆动。行走中要求行姿协调、自然,富有节奏感和韵律感。

走姿的基本要领是:上身挺直,头部保持端正,微收下颌,收腹立腰,重心稍向前倾;双肩平稳,两臂以肘关节为轴,前后自然摆动,摆幅以 30°至 40°为宜,手臂外开不超过 30°;步位准确,两脚内侧落地时,行走的最佳线迹为一条直线;步幅适当,一般是前脚的脚跟与后脚的脚尖相距一脚长;保持一定的速度,不拖沓,男士每分钟约 110 步,女士每分钟约 90 步;停步、拐弯从容不迫,控制自如。

六、空间语言沟通技巧

空间语言是一种空间范围圈,指的是社会场合中人与人身体之间所保持的距离。空间距离是无声的,但它对人际交往具有潜在的影响和作用,有时甚至决定着人际交往的成败。在实际生活中,人们都是用空间语言来表明对他人的态度和与他人的关系的。

(一)人际距离的要求

人际距离指的是沟通者之间的空间距离。不同的空间距离传递不同的信息,但又不能固定不变,因为空间距离因文化背景不同而有异。一般而言,在个人要求的空间范围方面,亚洲人比西方人要小。西方人在与中国人交往时,常能看到西方人有意识地保持两人距离,让人感到不好接触,感到对方不够友好。

从保证健康的角度出发,两人交谈的最佳距离为1.3米。两人可斜站对方侧面,形成30°角最佳,避免面对面。这个距离和角度,既无疏远之感,又文明卫生。

另外,人际距离会因性别不同、场地不同、双方关系亲疏不同而变化。

1.人际距离因性别不同而异

男人与女人相比,男人需要的"安全圈"要比女人的大一些,特别是同性之间,几乎看不到两个成年男子手拉手散步的场景;女人则不同,喜欢拉手搭肩而行,即使是陌生人之间,也可表现得很亲密。若干个男人处于一间小屋里,会令他们焦躁不安,情绪容易激动;而同等数量的女性在同样大小的屋子里,会使她们的关系更加亲密融洽。女性往往选择靠近她喜欢的人的旁边坐下,男性则选择在他喜欢的人的对面坐下。

2.人际距离因场地不同而异

当人们与陌生人相处时,都会保持一定的距离。但当受到场地限制,距离不得不缩短时,如身处非常拥挤的公共汽车上或繁华的闹市中,人们已不存在私有和公有空间,素不相识的人挤在一起,人们虽然身体挨得很近,却常常会把视线移到别处,一般不会四目相对,从而达到自己心理上自我保护意识中的空间范围。

3.人际距离因双方关系亲疏不同而异

两个陌生人之间的交际距离比两个熟人之间的交际距离远;一般关系的人交往比好朋友之间距离远;通常朋友关系与情人相比,朋友间明显比情人间距离远。

(二)人际距离的运用

人类学家爱德华·霍尔博士为人际交往划分了四种距离,每种距离都以与对方的关系相称。

1. 亲密距离

亲密距离是指处于亲密区的人相互之间的空间距离,具体为 0.5 米范围之内。表示人际关系亲密,大多为自己的亲人和密友。一般人不能闯入这个空间,否则会令人焦虑不安。

2. 个人距离

个人距离是指处于个人日常交往区内的人相互之间的空间距离,具体在 0.5 ~ 1.2 米。这个距离是非正式个人交往时经常保持的距离,一般指与朋友、同事、要好的邻居等之间交往时的距离。个人距离是各种宴会或非正式场合站立交谈时的最佳距离。

3. 社交距离

社交距离是指处于社交场合中的人相互之间的空间距离,一般是 1.2 ~ 3.5 米,体现出一种公事上或礼节上的较正式关系。

4. 公众距离

公众距离是指处于公共区的人相互之间的空间距离,具体在 3.5 ~ 7.5 米。这个距离通常会借助话筒等设备,也称为公开讲话距离,如讲座、演讲、领导的报告等。

显然,相互交往时空间距离的远近,是交往双方之间是否亲近、是否喜欢、是否友好的主要标志。因此,人们在交往时,选择正确的距离是至关重要的。

七、干扰因素

(一)地区文化

阿拉伯人经常以亲吻脸颊的方式来进行问候;在日本,人们以弯腰来表达问候;在美国,人们会进行握手;在泰国,为了表示另外一个人靠近,人们往往会前后移动手指,手掌向下;在美国,人们为了吸引别人过来,往往举起手掌,对别人移动着手指。汤加人以坐下来表达对长辈的尊敬;而在西方则是站着。在美国,双腿交叉经常是表示轻松的方式;而在韩国,这是社会所忌讳的。在日本,礼物常常用双手交换;穆斯林认为左手不干净,不能用它来吃东西或者交换物品。

(二)性格特质

不同的性格有不同的身体语言特点。因此,要读懂旅客的身体语言还要结合其性格特点。比如,一个活泼、开朗、乐于与人交往的女孩,在与人交往时会运用很丰富的身体语言,不大在乎与对方保持较近的距离,也时常带着甜蜜的表情与对方谈话。但是,这可能并没有任何特殊的意义,因为她与其他人交往也是如此,这是她与人交往的常态。然而,换成一个文静、内向的女孩,上述信息可能就意味着她已经开始喜欢对方了。

旅客是一个很复杂的群体,要了解每个个体的性格特点是很困难的。但是,可以按气质类型对旅客群体进行简单的分类,具体如下:急躁型旅客、活泼型旅客、稳重型旅客、忧郁型旅客。

(三)结合当时的情景

全面掌握人类的身体语言密码。了解旅客的性格类型不等于在民航服务中就可以读懂旅客的身体语言,要很好地读懂旅客的身体语言还必须结合不同的情境。比如,同样是笑,有时候是表示好感,有时候是表示尴尬,而有时候又表示嘲讽,这都需要民航服务人员加以区别。

(四)用同理心去读懂旅客的身体语言

理解旅客的身体语言,最重要的是要站在旅客的角度考虑问题。服务人员要用心去体会旅客的情绪状态,也就是心理学上常讲的"同理心"。当旅客对你表情淡漠,很可能是他遇到了不顺心的事,因此,不要看到别人淡漠,就觉得对方不重视你。事实上,这样的误解在人际交往中非常容易出现。

总之,要培养自己敏锐的观察力,善于从旅客不自觉的姿势、目光中"读懂"旅客内心的真实状态,不要简单地下结论。

【思考题】

1.什么是非语言交际?非语言交际的特点是什么?

2.非语言的类型有哪些?

3.情态语言包括哪几种类型? 如何应用?

4.身势语言包括哪几种类型? 如何应用?

5.空间语言包括哪几种类型? 如何应用?

【实操题】

1.分别设计自己在机场地面服务工作、去草原旅游、出席晚会的造型。

2.表演在酒桌上急躁型、活泼型、稳重型、忧郁型四种不同气质类型的人的可能表现,包括肢体语言、面部表情、口语表达等。

任务四　借助语境的策略

　相关知识

　　语境即语言环境,是语言交际发生的具体环境,包括言语环境,也包括交际双方的角色关系、文化背景、民族心理以及交际时的表情、眼神、语气、肢体动作等。人们进行沟通交流时,意义的传递和解读都与语境有着紧密的关系。在语言交际过程中,必须考虑语境的因素,不同的语境会改变语言表达的意义,也会增加语言表达的言外之意。

　　民航服务沟通是民航服务的主要手段,是服务质量和服务工作的基础保障。民航服务沟通相对于一般的沟通交流而言,会受到会话环境、飞行条件等客观因素的影响,同时也与客舱服务人员的语言沟通能力和技巧直接相关。对客舱乘务员而言,应该充分认识到语境与语言交际的深入关联,了解语境对民航服务沟通的意义。

一、语境对语言交流的作用

　　语境对语言交流有诸多积极作用,能够限制语言表达的不利因素,同时通过语境补充、增加语言表达的言外之意。语境使语言沟通拥有更多的变化,更具有多样性和趣味性。正因如此,语境是语用研究领域的重点,离开语境便无法开展语用研究。

　　语境影响交际者对语言表达的理解,具体表现为语境会改变词义。词义有理性意义和色彩意义。所谓理性意义,即概念意义,是对事物本质特征的反映。因而,理性意义不易在语境中被改变。而词的色彩意义是附加在理性意义上的附加意义,是反映语言使用者的主观意愿和态度,包括感情色彩、语体色彩。其中,感情色彩,也就是词义的褒贬,通常会随着语境的变化而改变。"自信"表示自己相信自己,本应属于褒义词。但在不同的语境下,可能用作贬义词。比如,"自信有时也不是好事",在该语境下,"自信"是一个贬义词。可以看出,语境对语义的影响。

　　语境为语言表达增加语用信息。中国文化是含蓄的、内涵的,因而中国人的语言表达具有委婉、间接的特点。在日常生活中,随处可见中国人的含蓄。早上见面问候,我们很少直接问候,而通过"你吃饭了吗?""昨天睡得好吗?"来表达早上见面的愉快心情。临近用餐时间,人们也不会直接提及用餐事宜,而会用"都十二点了""已经中午了"之类的话语来表达该用餐了。这些都是语境为话语增加额外信息的体现。因而,在语言交际过程中除了关注语言的表面意义,还需要思考语言表达的言外之意。

语境可以减少语言沟通的冲突和矛盾。古人云,"书不尽言,言难尽意"。语言交际中实有因语义表达不明确而导致的语言冲突。交际者在进行语言沟通时,会本能地考虑语境因素,根据不同语境的特点,选择适合当下语境的表达方式。在庄重、严肃的语境中,语言使用者很难以诙谐、幽默的沟通方式交流。而在轻松、自然的语境下,语言使用者也难以严肃的态度展开交流。在不同的语境使用适当的沟通方式,可以避免交际者的心理不适,从而减少冲突。

二、语境对民航服务沟通的意义

民航服务沟通的本质是以服务为目的,通过语言作为沟通媒介,传递民航对乘客的服务诚意和态度,接收乘客的服务需求和反馈。民航服务沟通是一种工作语言,形式和内容相对固定,易于操作。但由于民航服务沟通发生的群体人数众多,工作、性格、年龄、知识等各方面都存在较大差异,其面临的困难与挑战更多是在突发情况下如何通过语言沟通处理和解决好当下的问题。因此,对于客舱乘务人员而言,掌握有效的沟通技巧才是进行有效民航服务沟通的关键。

语境是语言交际的前提和基础,语境同时也是用于化解言语交际危机的有力武器。在民航服务沟通过程中,客舱乘务人员需要根据话语情境选择适合的交流方式,应该针对儿童、老人、特殊旅客的特点选择他们更容易适应和接受的沟通方式。此外,客舱乘务人员在进行客舱服务时,要根据旅客的文化背景和民族心理,调整自己的语言表达方式,避免出现因文化差异而造成冲突和矛盾。通过对语境的提前分析和认知,可以更有效地开展民航服务沟通。

当然,语境对于民航沟通的意义并不仅仅体现于此。语言交际中除了有言语行为外,也有与之相对应的非言语行为,比如语言交际时的语气、表情、神态、语速、眼神、动作、手势等,都属于语言交际的非言语行为。而这些对于处理民航服务沟通而言,至关重要。民航服务沟通作为服务语言,要达到最好的服务效果,需要客舱乘务人员在进行服务沟通时充分利用语气、神态、语速、手势等方式,帮助客舱乘务人员提高服务沟通的有效性,帮助他们解决服务过程中的突发问题。

三、语境提升民航服务沟通的策略

民航服务沟通质量的提升除了依靠言语行为外,也需要依靠非言语行为。言语行为是民航服务沟通的基础,是客舱乘务人员必须具备的基本能力。而非言语行为是提升民航服务沟通质量的关键,是客舱乘务人员需要持续学习、研究和应用的技巧。非言语行为与语境息息相关,能否在恰当的语境下使用恰当的非语言行为,决定了民航服务沟通的质量。因此,提升民航服务沟通的关键在于充分利用非言语行为在民航服务沟通过程中的合理运用。

(一)沟通技巧

(1)注意沟通时的语气。在民航服务沟通过程中,客舱乘务人员的语音、语调、停顿,会影响旅客的服务体验,更严重的可能造成语言表达的歧义。面对旅客提出的问题,都应该细心倾听,耐心解决。沟通过程中,尽量使用升调的问句,征求旅客的意见,而减少使用降调的陈述句、祈使句,避免引起旅客的误会和不满。

(2)注意沟通时的语速。客舱乘务人员因个体差异,在说话语速上也会不同。但在民航客舱服务过程中,因客舱内拥挤且嘈杂,声音偏小或者语速过快都可能导致旅客不能听清。因此,客舱乘务人员应尽可能减慢说话的速度,保证旅客能及时听清。尤其是对年迈的老人,更应如此。

(3)注意察言观色。语言是沟通交流的主要手段,语言也是反映思维的主要形式。但思维并不全然依靠话语表现,旅客的面部表情、行为举止都可能体现他们的思想和需求。因此,在民航客舱服务过程中要尽可能从细微之处观察到旅客的需求,避免造成旅客对服务的不满。

(4)注意正确使用手势语。手势语是指通过手或手指传递交际信息,以达到沟通目的。客舱内旅客众多,加之客舱本身比较嘈杂,为了使民航服务沟通更直接、有效,应该尽量配合手势语辅助言语交际。考虑到文化背景可能不同,以及每个人使用手势的习惯不同,客舱乘务人员在进行客舱服务沟通时,应尽量使用适应于客舱环境的规范的手势语。

(5)注意使用微笑语言。在任何语境中,微笑都是颇具效力的。客舱乘务人员和旅客之间往往都是初次见面,微笑具有天然的亲和力,能迅速拉近双方的心理距离,为民航服务沟通营造良好的氛围,增加沟通的成功率。尤其在发生交际冲突的语境下,微笑能有效缓解沟通的压力,引导服务沟通走向正面、积极的方向。

（6）注意眼神的接触。眼神对视，在服务沟通过程中能让旅客感觉被聆听、被尊重。因此，在民航服务沟通过程中，主动用眼神交流，能避免旅客因误解而拒绝配合沟通。恰当的眼神交流能够向旅客传递真诚服务的信息，有利于开展民航客舱服务。但是，要避免错误或过度使用眼神交流。这样会导致旅客感到不适和不被尊重。

（二）沟通语境

有效地进行民航服务沟通，要充分利用语境的作用来提高民航服务沟通的质量。我们可以根据民航服务的工作流程划分具体的语境，比如：迎客语境、安检语境、服务语境、安全状况语境、航班延误语境等，而分析不同语境的交际特点以及可能出现的问题，帮助客舱乘务人员更直接地认知语境与民航服务沟通的联系，更好地思考和利用语境来提升民航沟通服务的质量。

（1）迎客语境。旅客登机时，除了基本的称呼语、问候语外，还要配合微笑、眼神、仪态等方面的非言语行为，给旅客留下良好的初印象。在迎客语境中，言语交流的机会较少，应更多地通过察言观色发现旅客的需求，比如，是否能及时找到座位，是否能自己安置行李，是否需要搀扶，等等。客舱乘务人员要及时察觉旅客的需求并主动询问且提供帮助，为后续服务工作流程中的服务沟通打下良好的话语基础。

（2）安检语境。在安全检查阶段，客舱乘务人员在逐一检查旅客行李时，可能会出现需要主动向旅客发起对话的情况，且往往发生在行李的放置出现安全隐患之时。此时，语气、态度一定要温和、礼貌，不要过于严肃，否则会引起旅客的不满和拒绝。尽量委婉表达，而避免让旅客感觉被责备。期间，也可能会遇到特殊情况，比如，调换座位、毛毯靠枕数量不够等情况。客舱乘务人员一定要耐心回应旅客的需求，尽量予以满足。若不能实现，一定要及时、耐心地解释原因，或者通过小礼品等方式作为补偿和安抚措施。

（3）服务语境。客舱服务是飞机运行平稳时，客舱乘务人员为旅客提供饮食、娱乐等服务的阶段。这个阶段持续时间较长，旅客因不能起身自由活动，以及客舱内娱乐项目有限等原因，会出现情绪焦虑、烦躁的情况，甚至会发生旅客身体不适等情况。此时，要求客舱乘务人员保持平静，综合使用言语行为和辅助性的语气、语调、表情等手段平复旅客的焦虑不安。该语境下，可以利用提供客舱服务中的小食、饮料、杂志等，转移会话的矛盾焦点，避免出现更严重的沟通矛盾。

（4）安全状况语境。飞行时出现突发的安全状况，最为考验客舱乘务人员的服务沟通能力。该情境下，旅客会陷入恐慌、紧张的情绪，势必影响旅客正常的沟通对话能力。他们无法判断自己当下的状况，也可能无法有效接收客舱乘务人员的言语信息。这种情境下,客舱乘务人员需要保持镇定,用严肃、有力的语言表达安定旅客。待旅客恢复平静后,再辅之以温和的语言安抚旅客。因此,在出现安全状况的语境下,必须学会根据旅客的情绪和状态调整与他们的沟通方式。

(5)航班延误语境。因航班延误,或者有旅客迟到等原因导致飞机无法正常登机、起飞或降落,都属于航班延误的语境。这种语境下,旅客对事件本身的不满和愤怒会转嫁到客舱乘务人员身上,甚至出现无法沟通的局面。此时,较为考验客舱乘务人员的职业素养。是自行陷入自我的委屈情绪,还是坚强面对问题、解决问题呢? 此时,言语的沟通、眼神交流、微笑服务、肢体语言可能都无济于事。该语境下,除了耐心之外,客舱乘务人员还要设身处地、换位思考,想旅客之所想,才能解决眼下问题。旅客不需要听到与解决问题无关的信息,他们想要的是工作人员解决问题的态度和行动。此时,最有效的民航服务沟通是向他们展示问题正在被解决,即使不能成功解决也能提供备选方案。这是至关重要的环节,然后才能通过其他沟通技巧的辅助完成这场民航服务沟通。

民航服务的核心是旅客需求,为旅客提供舒适、满意的服务。民航服务沟通是民航服务的主要手段,决定了民航服务的成功与失败。民航服务沟通既是人与人之间的语言交际,同时又是一种环境特殊、涉及生命安全的服务工作语言,它是民航服务语言的既有框架,同时又涵盖了语言交际的全部特点。仅依靠言语行为,就能基本实现民航服务的沟通工作。非言语行为必须加以辅助,才能保证民航服务沟通的顺利实现。但无论言语行为或非言语行为,其实都受到语境的限制和影响。如何完成民航服务沟通、提高民航服务沟通的质量,需要客舱乘务人员对民航服务沟通可能出现的情境、语境都有一定的认知。并且能够根据不同的语境选取合适的言语行为、非言语行为,搭配恰当的沟通技巧。同时,语境也考验着客舱乘务人员的沟通能力、专业水平、职业素养、心理素质等。不同语境的交际特点不同,面临的沟通困难也不尽相同。因此,借助语境实现民航服务沟通,并不是依靠语境帮助客舱乘务人员进行民航服务沟通。借助语境的关键在于分析语境,了解不同语境的交际特征,提供合适的服务沟通方案,提高民航服务语言的沟通质量,避免民航服务沟通过程中出现因语言交流不当而产生的矛盾和冲突。

>>> >>> 模块三

特殊旅客的沟通技巧

学 习 目 标

知识目标：了解特殊旅客的主要特征和服务需求，掌握重要旅客的沟通技巧。

能力目标：提升特殊旅客需求响应能力以及敏锐度。

素质目标：在二十大精神的指引下，强化主动服务意识，用心学习和丰富服务技巧。

思 维 导 图

怀抱婴儿旅客

- 心理特点
- 服务要点及沟通技巧

少年旅客及独飞少年旅客

- 心理特点
- 服务要点及沟通技巧

老弱病残孕旅客

- 心理特点
- 服务要点及沟通技巧

国际旅客

- 心理特点
- 服务要点及沟通技巧

重要旅客

- 定义
- 分类
- 群体特征和服务需求
- 服务沟通要点

初次乘机旅客

- 群体特征和服务需求
- 服务沟通要点

酗酒旅客及精神异常旅客

- 定义
- 群体特征
- 服务原则
- 服务沟通要点

扰乱客舱秩序的旅客

- 定义
- 行为分类
- 群体特征和服务需求
- 服务沟通要点

犯人旅客

- 定义
- 群体特征
- 服务需求与规范

任务一　怀抱婴儿旅客

一、怀抱婴儿乘客心理特点

怀抱婴儿乘客关注点多在婴儿身上，所以乘务员的工作重点也更多倾向于满足婴儿的需求。大部分家长对乘务员的帮忙与关注会很高兴，缺乏照看婴儿经验的旅客尤为明显。但也存在部分旅客会排斥他人过于接近自己的孩子，所以乘务员在服务过程中要掌握好尺度和分寸。

二、怀抱婴儿乘客的服务要点及沟通技巧

怀抱婴儿的乘客登机时，乘务员要给乘客引导座位、安排行李。同时要注意婴儿在爸爸妈妈怀里，不易被人看见，要提醒周围的旅客放慢登机速度，小心安放行李，以免挤到、碰到婴儿。例如："不好意思打扰您一下，我们这里有一位婴儿乘客，您在放行李的时候麻烦您多多关照一下。"如果登机时，旅客把宝宝背在背上，那么一定要提醒旅客把婴儿抱到怀里。一般背在背上，爸爸妈妈可能注意不到婴儿的状况，客舱过道比较窄，宝宝易被碰伤。乘客坐好后，为其提供婴儿安全带并帮助系好，如果是夏天，宝宝穿得比较少，皮肤又嫩，那么应在安全带内侧垫上一层柔软的物品，如宝宝的衣服、围裙等，同时为其提供机上枕套和毛毯作为备用。例如："宝宝的皮肤比较嫩，我来帮您给宝宝系好安全带可以吗？"为大人介绍安全须知，告诉旅客遇上紧急情况怎么做，紧急情况一定是大人先做好各项安全事项。有些机型如B737-300，氧气面罩的数量左右两边的通道是不一样的，左4右3。两岁以下的婴儿票是没有座位的，这时候要注意把带婴儿的旅客及婴儿调整安排至左侧通道，提醒大人不要把婴儿的头部朝向过道。

飞机上一般只配备两个婴儿摇篮，有的时候婴儿较多，旅客可能会预订不到，或者座位被其他有需求的旅客订走。那么这时乘务员应尽量为其沟通更换到宽敞一点的座位。

乘务员在起飞前如发现有座位需求的带婴儿的乘客,提前去了解一下旅客人数,如有空座位,寻求机长的帮助,在不影响配载平衡的前提下,获得机长的许可,起飞前就为带婴儿的旅客调好座位。

航班飞行中多关注宝宝的状况,帮助旅客用餐用水,要提前与乘客沟通是宝宝先用餐还是乘客先用餐。帮助婴儿调奶粉的时候一定要洗干净奶瓶,掌握好水的温度,很多奶瓶隔热比较好,外面摸着温度很合适,里面水温却很高,倒几点在手背上感受一下温度,或提醒大人试温,同时口头提醒乘客喂奶时小心飞机遇到气流颠簸情况。长航线飞行,加之客舱环境干燥、缺氧,以及噪声的影响,宝宝会不适应,会啼哭。乘务员可以给宝宝准备一些小礼物,以让宝宝开心,也可以准备一些水果、酸奶以备宝宝使用(可以吃些食品的宝宝)。

如果是在飞机起飞、下降时哭闹不安,这是因为气压变化,耳朵不适,乘务员可以提醒乘客给宝宝嘴里含个奶嘴作吸吮和吞咽的动作,可以缓解压力的变化。建议不要喂奶,宝宝哭闹时喝奶易打嗝,或者就让宝宝大声哭会儿,口腔活动也会起到缓解压力变化的作用。机上有的厕所配有婴儿换尿布的隔板,乘务员应提前告诉大人具体的位置,以备不时之需。宝宝要换尿布时,帮助放好隔板,换完后帮助收回放稳,一般来说,两岁以下的宝宝大部分时间是要睡觉的,所以我们要建议大人多哄,多让宝宝睡觉,这样宝宝舒服,乘客也不那么累。飞机落地前,乘务员要协助大人整理好随身物品,帮助宝宝穿好衣服,及时联系地服,请求地面服务人员给予帮助。如旅客有婴儿车托运,有的机场是可以在登机口领取的,有的机场还没有这项服务,乘务员要做好解释。下机时帮助旅客拿好行李,送至机门口,如没停靠廊桥,最好送至摆渡车上。乘务员要用细微和人性化的服务让大人和宝宝都感受到旅途的温馨。

三、婴儿旅客乘机的一般规定

(1)婴儿旅客的年龄限制:自旅行开始之日出生已满14天(或出生已满90天的早产婴儿),但未满两周岁的婴儿。

(2)婴儿必须与其成人监护人一同购票,婴儿可使用的有效证件包括户口本、出生证明、护照等有效身份证件。

(3)不接受单独乘机的婴儿旅客,婴儿旅客出行需要年满18周岁、具有完全民事行为能力的成人旅客陪伴。

(4)婴儿旅客可按随行成人适用全票价的10%购买婴儿票,不提供座位;婴儿如需要单独占用座位时,可购买儿童票。每位成人旅客可携带婴儿的数量不能超过2名(含2名)。成人旅客携带2名婴儿成行时,1名婴儿可按规定购买婴儿票,另1名婴儿应购买儿童票。

【思考题】

1.怀抱婴儿旅客的主要特征是什么?

2.我们可以从哪几个方面对怀抱婴儿旅客的需求进行分析?

3.与怀抱婴儿旅客进行沟通时应注意哪些要点?

任务二　少年旅客(有成人陪同)及无人陪伴儿童(UM)

一、少年乘客心理特点

少年乘客性格活泼,对飞机上任何事物都充满了好奇心理,热衷于模仿,做事不计后果。故而在整个航班过程中容易随意走动,并且探索飞机上的任何设施、设备构造。航空公司规定,凡年龄在5~12周岁间乘机且身边未有18岁以上人员陪伴的,属无人陪伴儿童。无人陪伴儿童(UM)会经历单独乘坐飞机时的恐惧、对新鲜事物的探知渴求、希望获得关注、需要来自成年人的关爱和安抚。无人陪伴儿童的恐惧来源于离开父母缺乏安全感的无助,他们在飞机上,对于陌生的环境需要时间来适应,当适应后,他们又对一些新鲜的事物产生了好奇,希望通过触摸、提问、观看、模仿等方式接触新鲜的事物。经过飞行旅程,无陪伴儿童经历了从害怕到适应继而开始无聊希望有人陪伴、关爱的过程。

二、少年乘客(有成人陪同)及无人陪伴儿童(UM)服务要点及沟通技巧

飞机航行中,对于少年乘客要有针对性地进行服务和照顾,正确引导小旅客在飞机

上的行为,巧用赞美。照顾无人陪伴儿童更需要技巧和方法。要了解他们的心理,针对少年乘客的心理和行为特点提供服务,妥善照顾他们。为少年乘客提供服务的时候,要注意经常到少年乘客的座位附近询问是否有不适感,有没有什么需求。在服务无人陪伴儿童的时候,未必需要与他/她长时间待在一起,但是应该经常出现在他们的身边,带给他们安全感,从而更好地安抚他们的情绪。乘务人员要注意保持乐观开朗的情绪,以上扬的声调与儿童进行交流,带给少年乘客亲切和蔼的感受,使其更加信任乘务人员,减少儿童在飞行过程中的不适感。航行过程中要向小旅客主动介绍服务设施,如呼唤铃、阅读灯、洗手间的位置,指导小旅客系好安全带和解开的方法。要做到温柔耐心,平等地对待小旅客。同时乘务人员为了活跃小旅客的情绪,可以在旅行中安排互动小游戏、小魔术等内容,利用简短的互动时间拉近与小旅客的距离。

无人陪伴儿童的服务过程中,乘务人员要严格执行服务规范。与机场地勤人员进行交接,了解小旅客的生活习惯和身体情况,对有特殊状况的小旅客进行更加细心的照顾,满足旅行过程中他们的心理需求,为小旅客提供舒适的乘机环境。登机后,将其安排在便于指定的随机服务员或乘务员照料的适当位置。若有可能,与其他旅客分开座位。若座位满座,应安排与同性别乘客一起坐,不要安排在紧急出口的座位。乘务员教给小旅客服务设施和洗手间的位置与使用方法,为小旅客提供机上配备的玩具或读物。

在飞行中,要有专人负责。根据冷暖为其提供毛毯或增减衣物,注意观察或询问小旅客的饮食、生活习惯,可以优先给无人陪伴儿童提供餐食,以松软的米饭为主,主动帮他打开餐食,注意餐食不能太烫,要用语言提醒他慢点吃。饮料以凉开水和果汁为主,倒五分满即可。

在飞机下降的时候,如果小旅客正在睡觉,乘务人员要叫醒小旅客,避免压耳。下降30分钟前,要询问儿童是否上厕所,要及时联系儿童的接机人并送其下机。落地前,再次提醒小旅客落地后在原位等候,不要独自下飞机。

在飞机降落以后,乘务人员要与来迎接的地服人员做好交接,介绍小旅客在航行过程中的具体情况,完成纸质单据、行李等物品的交接工作,使整个服务过程更具有整体性,对小旅客和家长负责。如遇航班备降等需要小旅客在飞机上长时间等候的,乘务员应及时与其接机人联系。

三、无人陪伴儿童(UM)旅客乘机机场办理方式

(1)送机人须携带《无成人陪伴儿童乘机申请书》(一式两份),最迟于航班预计起飞时间前120分钟到达航班始发地机场办理乘机登记手续。

(2)为无人陪伴儿童办完乘机手续后,其送站人应停留在机场,直至航班起飞。

(3)到达目的地后,服务人员按《无成人陪伴儿童乘机申请书》内容查验儿童接机人证件,交接无成人陪伴儿童,请接机人员在《无成人陪伴儿童乘机申请书》上签名。

【思考题】

1.无人陪伴儿童旅客的特征是什么?

2.与无人陪伴儿童进行沟通应注意哪些要点?

任务三　老弱病残孕旅客

相关知识

一、老弱病残孕乘客心理特点:

老弱病残孕旅客由于身体原因情绪较为敏感,对于他人的照顾一方面习以为常,另一方面也不希望被当作异类看待。故而对于这类特殊旅客,乘务员在服务的过程中既要做到细致入微,减少旅客在飞行中的恐惧心理,又要掌握好尺度,减少旅客的心理压力与负担。老年旅客多反应较为迟缓,既不明白乘务员表达的意思,又怕给乘务员增添麻烦,经常遇到问题也不会向乘务员提出。这就需要乘务员在服务的过程中多多关注这类特殊旅客,主动服务。

二、老弱病残孕旅客服务要点及沟通技巧

老弱病残孕旅客座位安排应靠近乘务员或者靠近客舱门口的座位。行动不便的旅客安排在尽可能靠近盥洗室或靠近紧急出口但非紧急出口处;腿不能弯曲,打着石膏或者截瘫的旅客,应安排尽可能舒适,能为支撑腿的装置提供尽可能大的空间而不给邻座旅客造成不便的座位,但打上石膏的腿不应堵住通道或紧急出口;身体一侧行动不便的旅客(例如偏瘫、假肢、臂或腿打着石膏或者夹板、支撑等),应安排在通道边的座位,身体可活动一侧靠近通道;陪伴人员座位应安排在病残旅客的座位旁;旅客登机后主动引导旅客入座,同时帮助旅客提拿行李,并将行李妥善安置。乘务员在放置旅客行李时可提前询问旅客有无需要使用的物品拿出,可帮助旅客做好飞行前的准备工作。要主动介绍飞机上设备的使用方法及洗手间的位置,并帮助旅客系好安全带。餐饮服务时,主动为旅客提供适合其身体情况的饮食,例如多为老年旅客及孕妇旅客提供热饮等。飞机下降前可提前告知旅客目的地地面温度,提醒旅客增减衣物。落地后,帮助旅客提拿行李,并且叮嘱其带好随身物品。同时联系地面工作人员,做好特殊旅客的交接工作。在与老弱病残孕旅客沟通时要注意语气,通过得体的语言表达、适宜的态度拉近与旅客之间的距离。对于这类旅客的不便行为,乘务员要及时询问,排查风险,以减轻旅客焦虑的心理。

三、孕妇旅客购票及乘机的规定

(1)怀孕不足8个月(32周)的健康孕妇,可按一般旅客运输。

(2)怀孕超过8个月(32周)的孕妇以及怀孕不足8个月,且经医生诊断不适宜乘机者,一般不予接收。

(3)怀孕超过8个月但不足9个月的健康孕妇,如有特殊情况需要乘机,应在乘机前72小时内交验"诊断证明书"一式两份,内容包括旅客姓名、年龄、怀孕时期、预产期、航程和日期、适宜乘机以及在机上需要提供特殊照料的事项,经承运人同意后方可购票乘机。

上述诊断证明书应在旅客乘机前72小时内填开,并经县级以上的医院盖章和该院医生签字方能生效。

(4)怀孕超过9个月的孕妇不予接收运输。

(5)预产期在4周以内,或预产期不确定,但已知为多胎分娩或预计有分娩并发症者,不予接收运输。

特殊旅客四字代码:

BLND 视觉残疾的旅客 　　　MAAS 需要引导和/或协助办理手续的旅客

BSCT 婴儿摇篮服务 　　　　　PETC 客舱运输服务犬

DEAF 听觉残疾的旅客 　　　　STCR 担架服务

DNPA 肢体残疾但无需轮椅的旅客　UMNR 无成人陪伴儿童

DPNA 智力残疾或精神残疾的旅客　WCHC 机上轮椅服务

INAD 被拒绝入境旅客 　　　　WCHR 地面轮椅服务

LEGL 左腿受损的旅客 　　　　WCHS 登机轮椅服务

LEGR 右腿受损的旅客 　　　　AGED 老年旅客

INFT 婴儿旅客 　　　　　　　PREG 孕妇旅客

MEDA 伤病旅客

【思考题】

1.老弱病残孕旅客的主要特征是什么?

2.我们可以从哪几个方面对老弱病残孕旅客的需求进行分析?

任务四　国际旅客

相关知识

一、国际乘客心理特点

　　国际乘客由于语言沟通存在困难,在出行过程中遇到问题经常会心情焦急。同时各国间的文化普遍存在较大差异,所以国际乘客经常会有不安与陌生感。对于各国间巨大的文化、风俗差异,乘务员要做到尊重对方风俗习惯。随着世界各国经济飞速发展,国际乘客人数不断增加。国际乘客也可分旅行乘客和公务乘客两类。旅行乘客心理状态相对来说比较放松,更多的是希望体验他国的风土人情。公务类乘客则更希望快速到达目的地,所以对于行程的准时与顺利更加注重。

二、国际乘客服务要点及沟通技巧

对于国际乘客来说,最大的沟通障碍是语言不通,在遇到一些突发情况时体现得尤为明显。针对这一情况就要求乘务人员要不断地提高英语水平,特别是英语听说能力。地道的发音、清楚的表达,以及如何对乘客的要求作出语言上适当的回应,是空乘英语能力方面的重点内容。空中乘务这一服务职业的特点,要求从事这一职业的人员具有与不同人群良好交流的能力,而英语作为在世界范围内应用最广泛的语言,成为了空乘人员必须熟练掌握的工作语言之一。因此,要想提高与国际乘客的沟通交流效果,准确把握国际乘客的服务需求,空中乘务员必须提高英语听力能力和口语能力。

对于语言沟通不畅的外籍旅客,能第一时间了解其诉求,若遇丢失物品这一类情况,要主动帮助他先在客舱内、座椅周围以及行李架上进行寻找,并且广播告知其他旅客这一消息,随后与地面部门取得联系,并且与机长沟通此突发情况,为旅客争取最短等待时间。要注意安抚外籍旅客情绪,缓解其焦躁的情绪。

要使国际旅客在旅程中愉快、自然地配合乘务员的工作,需要乘务员不厌其烦地关注和满足旅客的合理需求,及时化解出现的问题和矛盾,努力营造一种积极解决问题的氛围感染旅客。尤其是在航班飞行不正常、旅客情绪激动的情况下,更需要乘务员以极大的耐心来安慰或感动旅客。

由于文化背景、习俗差异,针对国际旅客的客舱服务中还应把握好不同文化间非言语交际间的有关问题。了解不同文化背景下表达相同意义的不同表达方式。不同文化背景下的人由于宗教信仰,民族习惯等原因,他们在进行非言语交际的时候即使表达相同意思,其表达方式也各有不同。例如:东方人相互交谈时一般不直视对方,并还因交际双方年龄、地位、性别等因素有所差异,而西方人则希望对方目视自己以示尊敬;在中国文化中点头表示肯定,而有些国家的文化中点头表示"NO"(否定);等等。客舱服务中的对象千变万化,乘务员应根据不同服务对象适时调整非言语交际方式,让不同文化背景下的乘客都能体验到温馨的服务,并正确掌握国际乘客通过非言语交际所想表达的意愿。

【思考题】

1.国际旅客的主要特征是什么?

2.与国际旅客进行沟通应注意哪些要点?

任务五　重要旅客

一、重要旅客的定义

重要旅客,是指有较高身份、地位和知名度,在相关国家和地区或者对航空公司本身等有较大影响力的人物,或者是与航空公司关系密切的政府、企事业单位的决策人。对重要旅客的服务也称为要客服务或者贵宾服务。《关于重要旅客乘坐民航班机运输服务工作的规定》显示,重要旅客乘坐航班,可享受一系列高于普通旅客的优质服务。

二、重要旅客的分类

重要旅客可以分为要客和贵宾两大类。要客,即狭义的重要旅客,原则上是指国家级重要人士,按其身份等级可分为最重要旅客(Very Very Important Person,VVIP)和一般重要旅客(Very Important Person,VIP)。贵宾,则是指工商界重要旅客(Commercially Important Person,CIP),包括工商界影响力较大的人士、对航空公司发展有较大影响力的人物,以及长期以来购票数额较大、乘机次数较多的常旅客。

(一)最高等级的贵宾(VVIP)

一般为党和国家领导人,包括中共中央总书记,中央政治局常委、委员、候补委员,国家主席,国家副主席,全国人大常委会委员长、副委员长等。

(二)重要旅客(VIP)

我国及其他国家省部级(含副职)官员、军队在职少将以上军官、公使、大使级别外交使节,世界著名大公司的董事长、总裁和总经理等。

(三)礼遇旅客或商务要客(CIP)

以航空公司重要旅客信息数据库中的CIP名单为准。

三、重要旅客的群体特征和需求分析

(一)重要旅客的群体特征

重要旅客拥有较高的身份和地位,自尊心、自我意识强烈,特别看重在服务中受到的尊重和礼遇。同时,他们往往拥有很好的文化修养和素质修养,更注重精神层面的沟通。此外,由于重要旅客经常乘坐飞机,他们对服务也更加挑剔。需要注意的是,VVIP旅客和VIP旅客由于身份特殊,不愿意通过投诉表达不满,更容易不再选择相应航空公司的航班出行;CIP旅客则因看重个人形象,通常不会直接对服务表达不满,而是选择压在心里或事后投诉。

1.政府要员服务

乘务员应关心他们的安全问题,同时他们的自尊在服务过程中也是不容忽视的。乘务员应时刻保持积极主动的服务意识并且努力提升服务效率和服务质量,做到在服务上绝对尊重,保障休息环境绝对安全以及周到优雅的服务。

2.重要旅客服务

乘务人员应该为他们提供一个被尊重、舒适的服务环境,人性化、个性化的服务就显得尤为重要和必要,充分体现人文关怀,真正地从旅客角度出发,想他们所想,尽力做到有一个能让重要旅客感受高质量的服务环境,保证发生特殊情况时处置有序。

3.工商界人士服务

机组人员在机上为尊贵旅客提供客舱服务时,要注重更多更加细节的服务,这一类旅客往往看中的并不是所谓物质上的服务,而是精神上的,因为他们常常出入某些重要的场合,所以对他们来说外表形象、尊重有礼是最为注重的。因此,在客舱服务中他们也很大程度上会对心理方面有格外要求,所以民航机组成员在进行服务时要特别注意,根据不同旅客的行为、言语、着装来提供差异化的服务,让旅客感受到温暖热情,获取乘客的信任。

(二)重要旅客的需求分析

1.心理需求

在服务过程中为重要旅客提供绝对的尊重和礼遇,营造一个被尊重、舒适的服务环境;在安全性方面,建立完善的安全保护措施,对重要旅客信息安全保密,如对旅客身份和行程保密等,尽量缩小知密范围,在旅行过程中为重要旅客提供全方位的安全保障,采取有效措施保障重要旅客不受危害。

2.座位需求

重要旅客,尤其是搭乘远程航班的重要旅客,对飞机座椅的舒适度要求更高。按照规定,民航服务人员需要为重要旅客预留座位,通常优先预留头等舱座位或普通舱前排座位,但在办理值机选座时,应兼顾旅客的身份和个人意愿。

3.客舱环境需求

重要旅客在飞机上通常会处理公务或阅读书籍,对客舱环境要求较高。在旅途中,民航服务人员应尽量为重要旅客营造一个安静、温馨、舒适的环境。如果客舱中出现吵闹声,应及时制止。

4.服务需求

重要旅客有能力而且愿意花费高价享受更优质的服务,更看重和期待延伸服务与个性化服务。因此,民航服务人员应努力提升服务水平,为重要旅客提供便捷、无忧的尊享服务与个性化服务,从而不断提高旅客满意度。

四、重要旅客服务沟通要点

(一)提供适度周到的服务

重要旅客来自不同职业、不同民族和不同文化环境,重要旅客的素质比较高,大多不希望在其出行过程中被过多打扰,更不需要"暴发户"式的显摆和"聚光灯"式的服务。对重要旅客的过度服务不但会打扰其休息,还可能引起其他旅客的不满。因此,与其沟通时,乘务人员要秉承"真心、热心、用心"的真情服务原则,为他们服务时应因人而异,不可按照硬性的流程或标准要求进行服务,保障服务的适时、适度和周到,切忌毫不顾忌旅客感受的"殷勤"服务。

(二)发挥细腻的观察能力

服务环节要细致,尽快将客舱的灯光调暗,调低音乐的声音,提供良好的休息环境,特别是夜间飞行的航班更要注意这些服务细节,服务人员眼神一定要灵活,能随时观察到旅客变化的需要。重要旅客经常乘坐飞机,非常熟悉服务流程,那些流于形式、机械化的服务不仅得不到赞赏,反而可能遭到他们的厌烦。他们真正需要的是更加细微灵活、差异化的服务。因此,民航服务人员在工作中应耐心细心,关注细节,针对对方在意的事情或潜在需求,进行有针对性的沟通或提供个性化、精细化的服务。

【思考题】

1.重要旅客分为哪几类？他们的主要特征是什么？

2.我们可以从哪几个方面对重要旅客的需求进行分析？

3.与重要旅客进行沟通时应注意哪些要点？

任务六　初次乘机旅客

一、初次乘机旅客的特征分析

初次乘机旅客是指第一次乘坐航班的人群。随着航空业的快速发展,初次乘机旅客的数量不断增加。了解初次乘机旅客的群体特征,对于航空公司提供更好的服务和体验具有重要意义。

(一)年龄层次以青年人和中年人为主

初次乘机旅客的年龄层次较广,以青年人和中年人为主。这类旅客通常是旅游、商务等原因选择乘坐飞机。在年轻人中,他们通常对科技和数字体验更感兴趣,更加重视自身的舒适和安全感。在中年人中,一些初次乘机旅客可能是工作需要或者家庭原因需要出行。

(二)关注服务质量和安全措施

初次乘机旅客通常对航空公司的服务质量和安全措施较为关注。他们可能对航班延误、取消、安全问题等方面比较敏感,并且对这些问题的解决方案和航空公司的应对能力进行关注。因此,航空公司需要加强服务质量和安全措施的宣传和培训,提高服务质量和应对能力,为初次乘机旅客提供更好的保障和服务。

（三）重视信息获取和交流渠道

初次乘机旅客对航班的信息获取和交流渠道比较重视。这些旅客可能对航班的时间、航线、登机口、行李托运等信息比较关注，并且需要及时、准确的信息服务和沟通渠道。航空公司可以通过官方网站、移动应用、社交媒体、客服热线等多种方式，提供便捷、快速的信息服务和沟通渠道，满足初次乘机旅客的需求。

（四）多样化的旅行目的和行程安排

初次乘机旅客的旅行目的和行程安排比较多样化。有些人可能是因为工作需要、参加会议或商务活动而出行，而另一些人可能是为了旅游、探亲或其他目的而选择乘坐飞机。因此，航空公司需要根据初次乘机旅客的需求，提供差异化的服务和体验，包括旅游服务、商务服务、儿童服务等方面，为初次乘机旅客提供全方位的支持和服务。

二、初次乘机旅客的服务需求分析

（一）信息提供

航空公司需要提供有关飞行流程、安全规定、行李限制、航班延误等信息，以便旅客更好地准备旅行。

（二）安全问题

初次乘机的旅客通常对飞行过程中的安全问题比较关注，因此航空公司需要充分告知旅客如何使用安全设备，以及应对紧急情况的方法。如果出现紧急情况，初次乘机旅客可能会感到惊慌和不安，航空公司需要通过安全演示和紧急演练等方式提高旅客的紧急情况应对能力。

（三）座位分配

初次乘机旅客可能不了解座位分配的规定和过程，航空公司应该提供座位预订的服务，根据旅客的需求为其分配最合适的座位。

（四）行李服务

初次乘机旅客可能不熟悉行李限制和规定，航空公司需要向旅客提供行李服务，包括行李托运和手提行李的要求与规定。

（五）特殊服务

对于残障人士、老年人、孕妇、婴儿等特殊旅客，航空公司需要提供相应的服务，如无障碍通道、轮椅服务、特殊餐食等。

（六）餐饮及其他服务

初次乘机旅客对于餐饮服务的期望较高，航空公司应该提供多样化的餐食选择，以满足不同旅客的口味需求；初次乘机旅客可能对舒适度比较关注，航空公司应该提供舒适的座位、毯子、枕头等，以确保旅客的舒适度。

三、初次乘机旅客服务沟通要点

（一）了解乘客需求

在与初次乘机旅客交流之前，乘务员需要了解乘客的需求。这可以通过询问和观察来实现。例如，乘务员可以询问乘客是否有任何特殊的需要，例如需要携带特殊的药品或食品，或者是否需要特别的座位安排，等等。同时，乘务员还可以观察乘客的情绪和行为，了解他们是否感到紧张或者不适。

（二）用亲切的语言进行交流

在与初次乘机旅客交流时，乘务员需要使用亲切的语言，避免使用过于专业或复杂的词汇。乘务员应该使用简单、清晰和易于理解的语言来说明安全信息和服务内容，让乘客感到轻松和放心。此外，乘务员还应该注意语速和语调，确保乘客能够听清楚并理解。

（三）给予足够的尊重和关注

乘务员需要给予旅客足够的尊重和关注。在交流的过程中，乘务员应该用亲切的语言和友好的姿态与旅客交流。乘务员还应该确保旅客的个人隐私得到保护，切忌在无关的情况下泄露旅客的个人信息。

（四）提供个性化服务

每个乘客都是独特的，他们有不同的需求和要求。乘务员应该尽可能地为每位乘客提供个性化的服务。例如，如果乘客需要额外的毛毯或枕头，乘务员可以尽可能地满足他们的需求。如果乘客感到紧张或者不适，乘务员可以给予他们额外的关注和安抚，让他们感到舒适和放心。

（五）耐心倾听并给予建议

有些初次乘机旅客可能会感到紧张或者不安，他们可能会有很多问题和疑虑。乘务员应该耐心地倾听他们的问题和疑虑，并给予建议和解答。例如，如果乘客担心飞行中会晕机，乘务员可以向他们介绍一些缓解晕机的方法，并给予相关建议。通过倾听并给予建议，乘务员可以帮助乘客解决问题，减少他们的紧张感和不安。

（六）积极沟通并关注乘客反馈

乘务员应该积极与乘客沟通，并在飞行中关注乘客的反馈。如果乘客需要额外的服务或者有其他问题，乘务员应该及时回应并解决。这可能包括组织乘客的就座、提供餐饮服务、处理紧急情况等。根据旅客需求，乘务员需要清晰地传达指令，确保旅客能够明白指令的含义，尤其在紧急情况下，乘务员需要快速地行动并有效地沟通，以确保乘客的安全。

【思考题】

1.初次乘机旅客的主要特征是什么？

2.初次乘机旅客的服务需求主要包含哪些方面？

3.与初次乘机旅客沟通时有哪些注意要点？

任务七　酗酒旅客及精神异常旅客

一、酗酒旅客及精神异常旅客的定义

（一）酗酒旅客

酗酒旅客可以分为两类，第一类为饮酒而尚未醉酒的旅客，指有饮酒情况，但是有自控能力,不会对客舱其他旅客的安全构成隐患的旅客;第二类为醉酒旅客,是指乙醇、麻醉品或毒品中毒,失去自控能力,在航空旅行中明显会给其他旅客带来不愉快或者可能造成不良影响的旅客。

(二)精神异常旅客

精神异常旅客是指大脑功能活动紊乱,导致认知、情感、意志和行为等精神活动存在不同程度障碍的旅客。精神异常有多种表现形式,包括感知觉障碍、思维障碍、抑郁、躁狂等情感障碍和意志行为障碍等。值得注意的是精神异常未必都是精神病,常见的精神异常旅客大多分为心理健康异常旅客、间歇性精神异常旅客、突发性精神异常旅客、无思想意识和行为能力旅客。

二、酗酒旅客及精神异常旅客的群体特征

(一)酗酒旅客的群体特征

酗酒旅客受酒精和其他物质的影响,通常会出现以下群体特征:首先,酗酒乘客身体健康状况在短时间内处于不可控的状态,酒后乘机对乘机者本身健康不利,且在高空飞行过程中容易引发突发性心脑血管疾病;其次,醉酒旅客可能会出现行为失常,丧失对自身行为的控制能力,对客舱内其他旅客的安全构成隐患。出于对旅客自身及客舱其他旅客的安全考虑,醉酒旅客不得乘坐民航客机;饮酒而尚未醉酒的旅客,通过民航安检后一般予以放行,允许登机。

(二)精神异常旅客的群体特征

精神异常旅客通常会有以下几种症状表现:精神恍惚、茫然、木讷、长时间无表情等,存在呼之不应、问之不答、意识混浊或是目光呆滞等现象;情绪低落、精神焦虑不安,不时伴有呻吟,存在自责自罪和悲观厌世的表情表现;精神恐慌、多疑,不愿与人接触,面色苍白、出虚汗,有惊恐的表情;情绪癫狂、胡言乱语;时而大哭,时而狂笑,情绪难以得到控制,对自身和他人极易产生较强的攻击性。

三、酗酒旅客及精神异常旅客的服务原则

(一)酗酒旅客的服务原则

(1)承运人有权有责根据旅客的言谈举止判断旅客是否属于醉酒旅客,承运人可不接受醉酒旅客的承运工作;

(2)在飞行途中,对于发现旅客处于醉态,不适应旅行或者妨碍其他旅客的旅行时,机长有权令其在下一个经停点下机。

(二)精神异常旅客的服务原则

(1)各航空公司原则上不承运精神病人,特别是在发病期间的精神病人;如病情严重或影响其他旅客的安全,应谢绝购票登机。

(2)在承运公司认可的医院(县级以上医院或机场急救中心)或医务人员(有医疗执照)认为病人病情稳定且在采取一定医疗措施后宜乘机旅行的情况下,方可承运精神病人。

(3)每个航班可同机承运3名(含)以下的精神病人;且运送病人的航班应安排2名安全员,并由机组指派专人负责服务;必须要有能控制病人的人员(三倍于病人)陪同。

(4)精神病人不得与重要客人同乘一个航班。

(5)如病人需在起飞前服用镇静剂,则航程必须在镇静剂作用有效期内完成。

四、酗酒旅客及精神异常旅客服务沟通要点

(一)准确判断旅客状态

面对酗酒旅客及精神异常旅客,乘务员的首要服务目标是及时捕捉和分析其身体和精神状态,服务人员眼神一定要灵活,能随时观察到旅客的身体及健康状态,并通过沟通确定其精神状态是否可控,最终准确判断其是否能适应高空旅程,是否会对同行的其他旅客带来旅行的不愉快或者对其他旅客的安全构成隐患,并及时将情况反馈至机长,以确保旅客自身及客舱其他旅客的安全。

(二)掌握必要的医疗常识

面对酗酒旅客及精神异常旅客,需要掌握必要的医疗常识,一是用于判断旅客身体、

精神状态；二是在飞行过程中突发酗酒或精神异常旅客身体不适时，能在第一时间提供必要且正确的救援处置，确保旅客的生命安全，避免不必要的二次伤害发生。

(三)沉着冷静地处理

在执行航班飞行任务时，如遇酗酒旅客或精神异常旅客，需要乘务员沉着冷静地进行处置。一是严格按照相应的服务原则和处置流程进行处置；二是严格执行机长的相关指令，积极配合随机安全员，共同保障客舱内全体旅客的安全及飞行安全；三是对其他旅客进行必要的安抚和疏导，尽量减少和降低酗酒及精神异常旅客对其他旅客带来的不良影响。

【思考题】

1.酗酒旅客为哪几类？他们的主要特征是什么？

2.如何判断旅客精神异常？

3.酗酒和精神异常旅客的服务原则有哪些？

任务八　扰乱客舱秩序的旅客

相关知识

一、扰乱客舱秩序的旅客的定义

扰乱行为，是指在航空器上不遵守行为规范，或不听从机组人员指示，从而扰乱航空器上良好秩序和纪律的旅客。非法干扰行为，是指诸如危害民用航空和航空运输安全的行为或未遂行为。这两类行为都会影响客舱秩序，这些旅客的行为可能会对其他旅客和机组人员造成伤害，甚至危及飞行安全。在本书中，实施这两类行为的旅客统称为扰乱客舱秩序旅客。

二、扰乱客舱秩序的行为分类

(一)扰乱行为

根据民航局《公共航空旅客运输飞行中安全保卫工作规则》(以下简称《规则》),航空器上的扰乱行为主要包括:强占座位、行李架的;打架斗殴、寻衅滋事的;违规使用手机或其他禁止使用的电子设备的;盗窃、故意损坏或者擅自移动救生物品等航空设施设备或强行打开应急舱门的;吸烟(含电子香烟)、使用火种的;猥亵客舱内人员或性骚扰的;传播淫秽物品及其他非法印刷物的;妨碍机组成员履行职责的;扰乱航空器上秩序的其他行为。《规则》明确规定旅客如有上述违规行为,就有可能被机组人员采取约束性措施予以管束,包括强制离机等。

(二)非法干扰行为

客舱中的非法干扰行为,是指危害民用航空安全的行为或未遂行为,主要有:非法劫持航空器;毁坏使用中的航空器;在航空器上扣留人质;强行闯入航空器;为犯罪目的而将武器或危险装置、材料带入航空器;利用使用中的航空器造成死亡、严重人身伤害,或对财产或环境的严重破坏;散播危害飞行中或地面上的航空器、机组、地面人员或大众安全的虚假信息。

三、扰乱客舱秩序的旅客的群体特征和需求分析

(一)扰乱客舱秩序旅客的群体特征

旅客在客舱中实施一般扰乱行为的原因可能有多种多样,例如:旅客登机前饮酒或酗酒,情绪可能会变得冲动、不稳定;某些旅客可能因为个人原因(例如失恋、亲人去世等)情绪异常,导致在飞行过程中表现出焦虑、抑郁等不稳定的情绪;心理问题(例如焦虑症、强迫症等)也会使旅客表现出异常行为,例如拒绝坐在某个位置、不愿意吃食物等;精神病患者可能会因为疾病本身或药物副作用等原因出现奇怪或冲动的行为,甚至会危及周围人的安全;某些旅客可能无视规定或不遵守乘机礼仪,例如吸烟、拒绝系安全带等。

严重危害民用航空安全的非法干扰行为通常是由心理、行为或环境因素引起的,可能涉及的人群特征有:如有焦虑、心理失衡等心理问题的,可能会表现出异常行为,例如攻击他人等;试图使用飞机运输毒品或武器等非法物品;酗酒或滥用药物使人可能会失去控制,表现出攻击性或不理性的行为;恐怖分子或极端主义分子可能会试图通过暴力

手段来实施恐怖袭击或攻击某些特定目标。

（二）扰乱客舱秩序旅客的需求分析

扰乱客舱秩序的旅客的行为往往具有一定的心理和行为原因，了解他们的需求，可以更好地应对和解决相关问题。

实施扰乱行为的旅客往往有个体方面的需求，例如个人情绪失控、心理问题、酒精或药物依赖等。因此，应该对他们进行耐心的沟通，寻找解决方案，解决他们的个体问题。这些旅客可能在缺乏航班延误、航班变更、飞行规则等方面必要信息的情况下做出扰乱等行为。因此，向他们提供清晰的信息和解释，可以帮助他们更好地理解情况和作出正确的决策。旅客可能在机上同他人沟通存在问题，例如对他人的不尊重和攻击性行为。在这种情况下，应该加强与他们的沟通，寻求和解决可能引发问题的矛盾和冲突，维护客舱秩序和安全。

而实施严重危害民用航空安全的非法干扰行为是非常少见的极端情况。这种行为通常是出于某些病态心理或极端思想，且不考虑其他旅客的安全和利益。基于这种行为的极端性质，他们的行为通常不受常规因素（例如舒适、安全等）的影响。部分旅客可能出于对民用航空安全的敌意，或对航空公司、政府等相关机构的不满，而选择实施非法干扰行为。某些旅客可能患有精神疾病，导致他们的行为不受常规因素的制约。这类旅客可能需要特殊的医疗和心理疏导服务。此外可能还有其他因素促使其采取这种行为。例如，一些恐怖分子可能有明确的政治或宗教目的。对这些旅客的需求分析可能需要考虑其背后的社会和政治背景等因素。

四、与扰乱客舱秩序的旅客沟通要点

（一）针对旅客实施扰乱行为的情况

1.及时发现、及时制止

民航服务人员应该学会从人们的外表、言谈、行为、举止形象等方面入手，进行"察言观色"。尽量准确掌握旅客的性格特点、饮食习惯和特殊偏好等。善于观察旅客身份、外貌，善于观察旅客语言，善于观察旅客情绪，善于观察旅客心理状态。通过辨别旅客的心理状态、喜好、兴趣及满意或不满意的地方，提前预防。一旦发现旅客存在危险行为，乘务人员需要及时制止，以保障航班的安全。乘务人员可以采取，如劝导、警告、报警等有效的措施，以维护客舱秩序和保障民用航空安全。若有必要可以通知机上安保人员、机上旅客一起合作，制止扰乱秩序的旅客。

2.保持冷静和礼貌,充分了解情况

无论扰乱客舱秩序的旅客做出何种行为,乘务人员都应该保持冷静和礼貌,不要被情绪所左右。这不仅有助于维护工作秩序,还能更好地处理紧急情况,避免情况进一步升级。在与相关旅客沟通之前,乘务人员需要充分了解情况,包括了解旅客的需求和问题,以及客舱的状况。这可以帮助乘务人员更好地应对旅客的行为。

3.采取有效措施,尽快平息矛盾

在与扰乱客舱秩序的旅客沟通时,乘务人员需要认真倾听旅客的意见和问题,并及时给予回应。这可以缓解旅客的情绪,避免矛盾进一步加剧。在沟通过程中,如果扰乱客舱秩序的旅客有需要得到帮助的地方,乘务人员需要给予适当的帮助和指导,以缓解旅客的不满情绪。在沟通的过程中,乘务人员需要综合考虑旅客的要求和航班秩序的需要,制定出合理的解决方案。如果需要,可以与其他乘务人员一起协作,寻找最佳的解决方案。

4.事后安抚旅客,同时持续关注

在处理完扰乱秩序的旅客后,乘务人员也需要持续关注航班情况,以保障航班安全和秩序。此外,也需要对航班情况进行记录和汇报,以便后续跟进和处理。

(二)针对较为严重的非法干扰事件

严重危害民用航空安全的非法干扰行为非常少见,问题的解决通过沟通疏导往往难以奏效,因此需要机组人员保持冷静并快速反应,并掌握处理危机事件的技能和经验,以防止局势进一步恶化。在事件发生后,机组人员应该密切关注旅客和周围环境的变化,如发现任何异常情况应立即向机长和地面指挥中心报告,以便及时采取措施。与旅客保持有效沟通。机组人员应尽可能与干扰事件的旅客进行有效的沟通,了解其要求、情绪、动机和诉求等,通过合适的语言和姿态,耐心地解释和劝说,寻求理性解决问题的方式。机组人员应当及时、详细地记录干扰事件的发生、过程和结果,并向相关部门形成相应的报告和档案,以备将来查阅和处理。

【思考题】

1.请列举出至少三种扰乱客舱秩序的行为,并为每种行为提供一种恰当的沟通方式。

2.如果您在乘务工作中遇到了扰乱客舱秩序的旅客,您会采取哪些措施?请详细阐述您的做法。

3.扰乱客舱秩序的旅客通常具有哪些行为特征?请至少列举出3个。

任务九　犯人旅客

一、定义

犯人旅客是指违反国家法律,需要乘飞机运输,且由专门的警察执行羁押的旅客。押解的犯罪嫌疑人(MAAS)是指公安、法律部门通过航空运输押解犯罪嫌疑人、罪犯,以及被公安部门管束的人。他们的运输执行统一规定。

二、群体特征

由于犯人受国家现行法律管束,在处理犯人运输时,必须与有关公安部门以及通过外交途径与有关外交部门取得密切关系。运输犯人应注意符合我国有关法律、法令和对外政策及有关国家的法律。

三、服务需求与规范

(1)押解机关和押解人员应当遵守民用航空安全管理有关规定,共同维护好航班安全和运行秩序。押解公安部督捕或者A级通缉的犯罪嫌疑人,必须经民航局公安局批准。

(2)必须严格执行"谁押解、谁负责"的原则并履行相应的审批程序。对犯罪嫌疑人未采取防范措施和不能确保安全的,不予接收。运送的犯罪嫌疑人不得超过3名(基本运输数量限制)。被押解人员不属于涉嫌暴力及恐怖犯罪。

(3)具有以下情形之一的,可以拒绝运输:

①押解人员不遵守民用航空安全管理规定的;

②押解对象不配合押解的;

③采取的措施不足以防范干扰航班秩序或者影响航空安全的。

(4)押解警力(正式在职民警)至少要三倍于犯罪嫌疑人,押解女性犯罪嫌疑人应当至少有一名女性民警,押解警力在运输中对犯人负全部责任。运输犯人的全航程,必须有公安部门至少两人监送。

(5)押解人员不得携带武器进入客舱,在飞行中一般应当由机组保管。为避免影响同机旅客,在整个飞行过程中应给犯人戴上手铐等必要的械具,但械具不易外露,做适当伪装。如果押解人员认为有必要限制犯罪嫌疑人的行动,可正面将其双手铐住。

(6)机组接到通知后,应对押解工作积极配合,严格落实安全措施。有关犯人旅客的信息由地面服务人员通知乘务长,乘务长在接到运送犯罪嫌疑人通知后,应立即确认押解的犯罪嫌疑人性质、人数和押解人员的人数、座位安排等情况,及时向乘务组传达,根据要求确定服务方案,并详细报告机长。犯人运输应注意保密,其信息不得向无关人员透露。

(7)押解犯罪嫌疑人应安排在客舱后部;客舱布局有3人座的,应安排犯罪嫌疑人坐在中间位置,押解人员坐两边,否则应安排犯罪嫌疑人坐2人座靠窗座位,押解人员坐同排靠走廊及其后排座位。座位不得靠近或正对任何出口或应急出口,避免安排在机翼上方的出口旁,防止犯人出现意外(情绪失控乱动舱门等)。

(8)在有VVIP、VIP的航班上,不得载运押送犯人。犯罪嫌疑人及其押解人员仅限乘坐经济舱,不得与以下定义的重要旅客同机:

①省、部级(含副职)以上的负责人;

②军队在职正军职少将以上(含)的负责人;

③公使、大使级外交使节;

④中央各部、委以上(含)单位或我驻外使领馆提出要求按重要旅客接待的客人。

(9)犯人运输,必须事先在航空公司或航空公司授权的售票处办理订座和购票手续,提出申请,经航空公司同意后方可运输。押解犯罪嫌疑人必须持有当地机场公安机关出具的《协助押解犯罪嫌疑人乘坐民航班机通知书》。押解犯罪嫌疑人乘坐公司航班出入境的,应当经民航局公安局批准,押解单位应当自行办理出入境手续。

(10)在犯罪嫌疑人与警察登机后,客舱乘务员按常规进行服务,避免引起其他旅客的注意和怀疑。在起飞降落时,客舱乘务员应监控押送人员不得将犯罪嫌疑人束缚在机舱座位或航空器上其他无生命的物体上。

(11)在押解过程中应当保持对犯罪嫌疑人的全程控制,不允许犯罪嫌疑人单独行动,在飞机上来回走动,并对使用厕所进行监控。餐饮服务时,客舱乘务员须先征询押送人员意见后再为犯罪嫌疑人提供餐饮。不得向押送人员和犯罪嫌疑人提供含有乙醇的饮料和尖锐餐具,可向犯罪嫌疑人提供一次性餐具。

(12)客舱乘务员为犯罪嫌疑人服务时,不必紧张,表情尽量轻松、自然。巡舱期间全程关注犯罪嫌疑人的情绪状态,全力配合押送人员的工作,必要时给予协助。公司保卫部门应当安排综合能力强的空中警察、航空安全员执行航班任务。

(13)当航班着陆后,安保组和乘务组应协助地面公安将犯罪嫌疑人押下飞机,对政治犯、经济犯不需采取特别限制。犯人应先于一般旅客上机,晚于一般旅客下机,但个别机场要求不同,需在落地后根据实际情况来执行。

【思考题】

1.什么是犯人旅客?群体特征是什么?
2.犯人旅客的服务需求与规范有哪些?

【实操题】

练习为犯人旅客提供服务的沟通技巧、服务规范。

>>> >>> 模块四

特殊情境的沟通技巧

学 习 目 标

知识目标：了解特殊情境的种类及特点。

能力目标：掌握特殊情境下不同情况的沟通技巧。

素质目标：在二十大精神的指引下，培养较强的职业素养，增强服务意识，树立以旅客
需求为先的服务目标。

思 维 导 图

航班延误与取消

•延误的原因
•乘客心理
•沟通技巧

航班中断与返航

•航班中断与返航的原因
•沟通技巧

航班备降

•航班备降的原因
•沟通技巧

航班紧急撤离

•紧急撤离的概念
•紧急撤离的分类
•旅客需求分析
•紧急撤离沟通技巧

旅客突发疾病

•机上急救的概念
•旅客突发生病处置程序
•旅客生病沟通原则
•患病旅客需求分析
•患病旅客沟通要点

旅客财务丢失

•旅客财务丢失的分类
•旅客财务丢失时的心
 理特点
•旅客财务丢失沟通
 技巧

客舱商品营销

•客舱商品营销的特点
•客舱商品营销的沟通
 技巧

**抢劫等冲突
情况的谈判**

•冲突的概念和要素
•容易诱发冲突的行为
•劫持情境的主要特征
•谈判语言运用的策略
 和技巧
•谈判成功的关键

> > > > > 模块四 特殊情境的沟通技巧

任务一 航班延误与取消

一、造成航空公司延误的原因

(一)天气原因

天气原因是造成航班延误的主要原因,"天气原因"简单的四个字实际包含了很多种情况。出发地机场天气状况不宜起飞;目的地机场天气状况不宜降落;飞行航路上气象状况不宜飞越;等等。在关于东航航班延误的原因调查中发现,70%以上的延误是由天气原因造成的。

(二)交通原因

随着中国民航发展迅速,航班量急剧增加,而相应的地面设施、导航设备、服务保障方面发展缓慢,航路结构不合理,无法适应当前高速发展的民航业,所以就会导致飞机延误。尤其是由于航空管制以及航班在调配的过程中调配不科学也会造成航班延误。

(三)旅客原因

造成航班延误的原因多种多样,有的属于不可抗拒的自然因素,有的是人为因素。据统计,因旅客原因导致的航班延误占不正常航班的3%,和因飞机故障造成的延误数量相差无几。

二、航班延误与取消时乘客心理

旅客乘机最根本的需要就是安全需要,包括人身安全和物品安全两个方面。当飞机不能正常起飞时旅客最担心的便是安全问题。尤其在信息不明确的情况下,旅客的恐惧心理更会加重。出门旅行,旅客希望能够处处方便,这是一种很普通的共性心理。当航班延误或者取消时,旅客这部分心理无法满足便会产生焦虑心理,甚至暴躁、发脾气。

三、航班延误与取消时乘务员沟通技巧

首先,针对飞机延误或者取消的原因进行及时的通报,由于航班的延误大多都是不可控的因素造成的,乘客由于自身出行的着急程度不同,因此在航班延误以后,乘客的情绪一定会有所变化,对于自己的后续旅程会有很大的担忧,通过及时地向旅客播报这些原因,能够更好地取得旅客的谅解与支持,从而为后续的服务流程打下基础。但是必须要用旅客可以理解的语言和他们进行沟通,千万不要说一些让他们难以理解的行话。比如说如果我们只告诉旅客,机场已经启动了紧急处置预案,却没有解释清楚这个预案具体会给旅客带来什么直接的帮助,旅客就会有所疑惑,甚至有被愚弄的感觉。

另一个很重要的争取旅客信任的沟通方法,就是要把话说清楚。许多旅客和社会人士都不理解为什么航空公司在没有确切起飞时间的情况下,依然把旅客留在机舱内,一等就几个小时。有些飞行员和空中乘务员都没有把真正的原因告诉乘客,只是一味地重复告诉他们飞机正在等待起飞的指示。把原因说清楚,旅客是完全可以理解与合作的。当然,在等候期间,航空公司施尽浑身解数去帮助旅客打发时间也是非常有必要的。

面对大面积航班延误的情况,我们常常为了一时方便,用一些不实的话安抚旅客。这是致命的错误,因为在资讯发达的今天,旅客很快就会知道这是不确实的。如果他们认为受骗了,不管乘务员等之前做了多少好事,都难以再获得他们的信任。一旦失信,后果就会非常严重。

【思考题】

1.航班延误或取消的原因都有哪些?

2.在航班延误的情况下沟通应注意哪些要点?

任务二　航班中断与返航

一、航班中断与返航的原因

　　航班中断是指由于某种原因,飞机不能按计划到达目的地。航班返航是指由于某种原因,飞机不能达到目的地机场并返回出发机场。它的发生可能是由于飞行条件不理想,操作失误,安全因素或其他原因。不同原因可能需要不同的解决办法。例如,如果是气象条件不理想,那么航班可能被迫转向另一个机场,直到气象条件有所改善。在这种情况下,乘客可能遭遇延误,但这些问题可以有效地解决。

　　如果是由于操作失误,例如发动机故障或燃料量不足,则可能需要在飞机飞行前进行技术检查和维修。此外,飞机可能需要安全检查,以确保飞行中不会发生意外。在重新加油后,飞机可以安全地起飞。

　　航班中断与返航可能还会受到安全因素的影响。在可能出现失事或其他安全威胁的情况下,航空公司可能会建议乘客搭乘替换航班,以便将其安全地送到目的地。乘客可能需要满足特定的要求,以便承认替换航班的有效性。

　　有时候,乘客可能会遭遇航班中断与返航的另一种情况,即乘客被要求更换航班以满足某些特定要求。例如,当乘客被要求穿着特定的服装,或者不能进入某一国家或地区时,乘客可能会被要求更换航班。

　　无论是什么原因造成航班中断与返航,乘客都应该首先考虑个人的安全,其次是他们的财产也安全无虞。在航班中断的过程中,乘客应该紧跟航空公司的指示,以确保自己的人身和财产安全。航空公司也有责任保护乘客的人身安全,提供必要的支持和帮助。

二、航班中断与返航的沟通技巧

　　为了缓解旅客恐惧焦虑的心理,当航班发生中断与返航的情况时,首先要做到的便是及时通报信息。机长、乘务长亲自广播是对旅客的一种尊重。乘务长要尽可能地了解航班中断或返航的原因、大概等待的时间。要将真实的信息广播通报给旅客,同时客舱要有乘务员进行解释。航班更改,不知道发生了什么事,不知道还要等待多久,也不知道是何种原因引起的,这是旅客最无法忍受的。所以出现航班不正常情况后乘务长首先要出现在客舱,要及时与客人沟通,要给乘客及时、明确的解释。另外,由于航班中断与返航会影响旅客的后续行程安排,因此,一定要确保客舱时刻有人,以便把旅客的信息,及时、有效地记录并进行后续安排工作。同时做好现场的解释与安抚工作,积极主动地为旅客排忧解难、出谋划策,以争取旅客的理解。在航班中断或返航等待过程中,餐饮服务要及时主动提供,而不能等到旅客按呼唤铃要求才提供。要根据等待的时间长短制订好服务计划,是否需要加配餐饮,特别针对大型枢纽机场,食品公司制作、运输也需要时间,这就有可能导致加配餐饮要等待很长时间。我们就需要提早做好相应的计划。对于特殊旅客也要做到多关注,服务要周到。多问候的同时提供个性化服务,尽力做到细致热情。对无人陪伴老人、儿童,要及时联系家人,耐心陪伴。对于需要改签的旅客,及时联系地服,协助处理改签事宜,做好了这些细微服务,才能让旅客体验到航班不正常情况下我们的用心,做到真正的人性化服务。

【思考题】

1. 航班中断或返航的原因是什么?
2. 在航班中断或返航时与旅客进行沟通应注意哪些要点?

任务三　航班备降

相关知识

一、航班备降的原因

备降,是指飞机由于不能或不宜飞往预定着陆机场,或者不能在预定机场着陆,而降

落在其他机场的行为。它是飞机在运行过程中,为确保飞行安全采取的正常措施。

　　一般来说,飞机备降的原因有航路交通管制、大面积雷雨无法绕飞、预定着陆机场关闭、预定着陆机场天气状况达不到降落标准、飞机发生某些机械故障等。例如强台风梅花逼近上海,造成部分航班备降杭州等机场;或者双发客机一个发动机失效,机组就会选择在备降机场着陆。

　　为了确保飞行安全,机组在每次起飞前都会确定本次航班的备降机场。当然,选择备降机场时要考虑是否符合飞机的飞行标准,比如跑道是否满足该机型的起降要求,是否具备为该机型加油的设备,机场是否具备该机型的放行条件,航空公司在该机场是否有地服,以及机场消防等级和机场净空情况等。

二、航班备降的沟通技巧

　　首先乘务员要及时利用广播或一对一的沟通,向飞机上的乘客提供赶飞机备降的信息,同时向乘客转达飞机备降以后的注意事项。如遇特殊旅客,乘务员要主动联系地面工作人员做好服务工作,提供相应的休息室;同时要进行及时的情绪安抚,要针对乘客的其他出行要求给予一定支持。对备降以后乘客的需求进行分析和梳理,同时要针对不同需求的乘客给予一定的引导,对各类乘客的需求进行全面的登记,针对不同乘客的需求进行分类处理,使乘客能够更好地感受到航司对于旅客的重视程度。如旅客需要在机上等候,乘务员要通过机上广播通知旅客航班备降原因、预计停留时间。停留时间较长,需安排旅客下机休息时,如有旅客行动不便不愿下机,乘务员要及时与机长沟通,为旅客做出在机上休息等候的安排。

【思考题】

1.航班备降的原因都有什么?

2航班备降时沟通应注意哪些要点?

任务四　航班紧急撤离

一、紧急撤离的概念

飞机是最安全的交通工具,可一旦发生事故,是造成伤亡最大的。当飞机在运行过程中出现机外起火、客舱出现火警或烟雾、机体破损、异常的声响和撞击、严重燃油泄漏、危及机上人员和飞机安全的其他情况时,就会采取紧急撤离。我们作为飞机上的乘务员,就有责任保证每一位旅客的安全。

二、紧急撤离的分类

紧急撤离分为两类,有准备时间的撤离和无准备时间的撤离。有准备时间的撤离为≥10分钟,而无准备时间的撤离为<5分钟。

(一)有准备时间的撤离

有准备的撤离包括已知着陆在水上和陆地,在有限的时间内能够对旅客进行撤离的讲解,如安全带救生衣的使用、撤离的正确姿势、告知旅客最近的出口、飞机触地后的处置等。

(二)无准备时间的撤离

无准备的撤离通常发生在飞机起飞或着陆且没有预警的情况下,这种意料之外的情况可能发生在水上或陆地。在无准备的撤离时乘务员只能尽可能地告知旅客防冲击姿势和出口的选择。

三、旅客需求分析

(一)普通旅客

普通旅客指在撤离时能够听懂并能根据乘务员的口令及指挥完成相应动作及回答的旅客,该类型旅客只需清晰告知相对应操作,无须进行单独的指导。但需注意该类型旅客情绪的稳定,冲动型旅客可能会做出过激行为如强闯驾驶舱、哭泣、暴躁等行为。乘务员应关注好旅客的情况,用温柔的语调及时进行安抚,同时展现出专业性让旅客相信我们能保证他们的安全。

(二)特殊旅客

特殊旅客指在撤离中需要帮助的老、弱、病、残、孕。该类型旅客在撤离时会出现无法行走、无听觉、无视觉、无法自理等情况。对于特殊旅客,乘务员需要进行单独的指导,以他们能理解的方式告知接下来会采取的行动。该类型旅客可能会出现害怕被丢弃或放弃求生情况,乘务员要用亲和且坚定的语气缓和旅客的情绪并告知旅客会保证其安全。

四、紧急撤离沟通要点

(一)客舱广播的要求

飞机需要紧急撤离时,乘务组必须向旅客说明事件真相和即将采取的对策(如陆地迫或水上撤离),此项工作应该在客舱准备前进行,以引起旅客的注意。在遇到特殊情况时,乘务组要注意自身情绪的控制,切勿出现哭泣、紧张等语调,以免引起旅客的恐慌。一般采取广播的形式进行,在广播内容时应声音平静、清晰,最大程度缓解旅客的情绪,让旅客对我们产生足够的信任。

(二)乘务员口令的要求

飞机停稳后,为了有效地指挥乘客朝向出口并帮助他们跳下滑梯,乘务员必须使用积极的口头命令和肢体动作。在紧急情况下乘务员应该使用坚定的、积极的、短暂的、大声的、清楚的声音对旅客进行指挥。在紧急情况下乘务组与旅客的有效沟通其重要性不言而喻,将紧急情况下各项指令清楚下达给旅客能有效提高撤离速度,最大程度降低撤离所带来的伤亡。

【思考题】

1.紧急情况下,乘务员应该如何正确传达口令?

2.紧急情况下向旅客传达口令时,应注意哪些方面?

3.你是某航乘务员,在今天执飞的航班上,因为后舱洗手间起火且火势无法控制,现需要你向机长汇报客舱情况,你应该如何报告?

4.你是某航乘务员,刚刚收到机长通知,飞机需要紧急撤离,你应该如何向旅客下达口令帮助旅客撤离?

5.你是某航乘务员,现在飞机需要紧急迫降,你将如何通过客舱广播向旅客播报?

6.你是某航乘务员,收到机长通知需要紧急迫降,航班上有一名盲人旅客,你应该如何帮助他?

任务五　旅客突发疾病

一、机上急救的概念

遇到应急情况后,客舱乘务员的任务是提供必要且基本的紧急救治,直到专业医务人员赶到。

急救的目的:维持生命、防止病情恶化、加速康复和进行必要的护理。

作为客舱乘务员:有信心、镇定、有序而果断、语气和善。

二、旅客突发生病处置程序

机上成功的急救需要客舱机组成员和旅客相互协助配合,团队努力是最有效的方法。

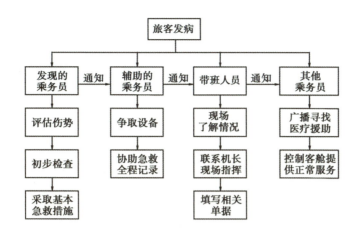

(一)发现的乘务员

应在第一时间呼叫通知其他乘务员前来辅助参与急救。评估伤势时让旅客保持舒适安静,确保评估准确、迅速。

(二)辅助急救乘务员

第一时间被通知到的乘务员担任辅助急救工作,到达现场后迅速收集旅客年龄、病史、症状等情况并通知乘务长,拿取急救设备并协助急救,做好急救记录。

(三)带班乘务长

接到辅助急救乘务员报告后,应第一时间赶往急救现场了解情况,安排好后续急救工作,并向机长报告。

(四)其他乘务员

广播寻找医生、控制客舱,提供正常的服务。

三、旅客生病沟通原则

(一)乘务组与旅客的沟通

乘务员应关心旅客身体情况,详细询问旅客身体上的不适,不要忽视旅客对疾病的抱怨,以温和的态度告诉旅客我们是来帮助他的。当旅客无意识时,不要当着旅客的面,讨论其病情,通常有些看似失去意识的人是能够听见的,注意自己情绪的控制,保持自身冷静,切勿出现慌乱、紧张等情况以免影响患病旅客的求生信心。以专业的职业素养应对突发事件,同时做好患病旅客的安抚工作。

(二)乘务组与乘务组的沟通

旅客突发生病期间乘务组沟通好每个人的工作任务,要确保急救的每一个环节都有人参与,切勿出现同一任务两人进行、重复报告等现象。

(三)乘务组与机长的沟通

前往现场了解旅客突发生病情况后要立即向机长汇报情况,要清楚告知旅客姓名、座位、年龄、病史、有无传染病、落地后是否需要医疗援助。当旅客出现威胁生命的情况时,乘务长可建议机长采取备降。旅客突发疾病期间,一定要确保客舱与驾驶舱之间信息准确、及时。

(四)机长与地面的沟通

机长与地面的沟通在处置过程中是非常重要的环节,机长可根据乘务长提供的旅客患病信息,在空中与飞行控制台联系,该台可24小时与国际空港急救组织(AAI)联系,提前准备好着陆后需要的医疗帮助:轮椅、担架、救护车以及相应急救药物等。

四、患病旅客需求分析

(一)心理需求

旅客在患病期间无论在身体上或者心理上都会遭受到严重打击,想要被救治,迫切地想要生存下来。在这个阶段多与病人交流,比如和病人聊一些开心的事情,患者会感觉到有人关心,同时也可以增加患者的安全感。适当地给予语言鼓励,可以给患者说一些积极抗病的话语,例如:"我们都是受过专业训练的乘务员,一定会救治您的,一定要有积极面对病魔的心态。"

(二)环境需求

旅客患病期间需要一个舒适的环境,患病后会产生许多不舒适的感受,会影响个体的舒适程度。其中最严重的不适是疼痛。乘务员应尽可能调整旅客的座位,使其能够平躺放松,同时调整周围旅客座位,让患病旅客保持空气的流通。尽量为旅客打造一个安静、舒适的环境。

(三)尊重的需求

尊重的需要,是人类所特有的高层次需要,在客舱突发疾病被多人围观,患病旅客自尊可能受损,此时我们应主要保护好旅客的自尊心,及时制止其他旅客录像、当众谈论旅客病情等行为,并全程陪伴旅客身边,宽慰旅客。

(四)归属需求

旅客发病后消极的态度特别明显,特别对于重大疾病,旅客在疾病的折磨下,心理是比较空虚的,此时患者对家属的依赖性是比较高的,及时有耐心地与患者交流,告知旅客我们会尽快到达目的地,并且询问家人的信息,帮助旅客与家人联系。尽最大的努力让患者开心,对病人的病情有一定的帮助效果。

(五)信息需求

旅客发病后渴望了解自己疾病的知识,自己疾病诊断、机上是否有治疗方法及作用,乘务员的处置经验,落地后是否能得到及时的救治。此时乘务员应告知旅客已联系专业的医护人员,落地后也有医生在地面等待为其救治,让旅客缓解紧张情绪。

五、患病旅客沟通要点

(一)掌握必要的语言技巧

旅客患病期间处于比较敏感的状态,乘务员在发现旅客身体不适时,要表现出关怀和乐意帮助的态度,礼貌询问旅客病情及是否愿意接受帮助,让旅客感受到被尊重。患者是最清楚自己的身体情况的,避免患者产生恐惧心理。谈话时,语调要柔和,声音要和谐,使人听后感到温馨、悦耳,声情并茂,音量应适中,也可根据不同场合、谈话内容来确定讲话的音量,如进行心理护理时,音量宜小,以使谈话显得亲切,患者更容易接受。一定要耐心、专心地倾听旅客对于疾病的诉说,我们要站在旅客的角度去理解旅客内心的体验。有时患者可能答非所问,此时乘务员应礼貌地将话题绕回病情上,乘务员耐心地倾听旅客的倾诉,鼓励病人多沟通、多表达,能够很好地疏导旅客的不安情绪。

(二)细心观察、周到服务

乘务员在服务期间要多注意客舱旅客的情况,如旅客进入盥洗室时间较长、面色苍白发绀、一直陷入睡眠等状态,部分旅客疾病的发生都很突然,可能来不及进行呼救。乘务员可提前将情况报告给乘务长,及时与旅客进行沟通,了解其身体状况,有效预防疾病的发生,也能更快地对旅客进行救治。旅客病情缓解后依然需要乘务员的悉心照料,在整个航班运行期间,时刻关注患者情况,陪伴在患病旅客身边。

(三)非语言沟通

与发病旅客沟通时,我们不仅仅靠语言,还要善于运用敏锐的观察力和非语言沟通,体现在一个眼神、一个动作、一个微笑和一些细微举止上。眼睛是心灵的窗户,人际沟通中眼神的接触可使旅客感受到被重视,微笑是拉近彼此距离的线,可使旅客感到亲切、友好。在服务发病旅客时,握手、拍背、点头都能让旅客感受到我们对他的关怀,从而真正地达到此时无声胜有声。但需注意,要根据旅客的性别、文化差异等进行相对应的非语言沟通,以免造成负面效应。

【思考题】

1.你是某航的乘务人员,一名40岁男性在航班运行中突发晕厥,经救治后已恢复,事后你应该如何与他进行沟通?

2.与患病旅客沟通应注意哪些要点?

3.我们可以从哪几个方面对发病旅客的需求进行分析?

任务六　旅客财物丢失

由于现在城市发展水平在不断上升,人口密度大,交通拥挤的问题大大增加,带着行李出发会给旅客增加疲惫感而导致警惕性降低,到机场时需要一环扣一环地去办理好登机手续,造成财物遗失可能性就更大。在民航服务的过程中,工作人员可能由于疲劳导致疏忽或机械等原因,造成旅客的行李丢失,或想从中谋取更多的利润而造成监守自盗的情况,而导致的财物丢失。随着坐飞机的旅客越来越多,形形色色的乘客都有,就会有一些不法分子的出现,趁着旅客警惕性不高去偷取旅客的财物,造成财物丢失。

一、旅客财物丢失的分类

(1)随身携带的行李物品丢失。如携带证件类:身份证、户口本、银行卡、驾驶证等;钱财类:现金、金银珠宝等;电子产品类:手机、iPad、U盘、手提电脑、摄影录像设备等;生活用品类:药类、日常必需品、眼镜等;化妆用品类:口红、粉底、隔离霜、气垫等;衣物类:衣服、裤子、帽子、围巾、手套等。

(2)托运行李的丢失。旅客所托运的行李要符合航空公司所规定能办理托运的行李,违禁物品不允许携带,超过随身携带行李所规定的大小及重量,如行李箱、大型包类等,应办理行李托运。

二、旅客财物丢失时的心理特点

当旅客发现自己丢失了财物后,第一反应就是想找回所丢失的财物,一般来说所丢失的财物越贵重、价值越大,旅客越着急。当旅客确定自己财物丢失后,希望得到民航服务人员的帮助,如帮忙广播寻物,介绍一些寻物的方法等。如果短时间内无法找到,旅客也希望有方法可以弥补,如果不能弥补的,希望可以取得临时的财务帮助。

三、旅客财物丢失沟通技巧

乘务人员遇到旅客有财物丢失的情况,首先是对丢失财物的旅客进行安慰,再了解其中丢失的原因,是因为自身疏忽还是因被偷窃丢失,还需了解丢失的时间、地点等有效信息。在收集信息的过程中要特别注意旅客的心理状态,防止过分着急而造成其他事故的发生,同时为旅客提供解决方案来缓解旅客的情绪。乘务人员可以通过广播的方式寻求客舱内其他旅客的帮助,让其他旅客帮忙寻找遗失物品。但是切记不要打扰到正在休息的旅客。乘务人员找到旅客遗失的财物之后,要再三和旅客核对物品信息,并做好相关登记。当旅客自己发现财物等被偷窃后,应立即报警处理,配合警方。若在飞机上被偷窃,旅客刚好发现,须先冷静旅客情绪,叮嘱旅客不要大喊大叫,以免打草惊蛇让小偷引起戒备,避免出现极端的情况,并且立即向其他乘务员或安保人员暗示协助旅客监控盗窃者情况,及时与机长汇报并报警,等待飞机落地后处理。对丢失财物的旅客,乘务员要表现出同情和关心,耐心安慰旅客,使其情绪稳定,并努力帮助旅客寻找失物。在问题处理的过程中,对于旅客的负面情绪和不理智的语言、举止,服务人员要给予充分的理解,多听少说,使旅客在一定程度上缓解焦虑情绪。同时要及时地向旅客表明负责的态度以及自身在整个工作中的服务流程,从而更好地获得旅客的谅解与配合。

【思考题】

1.旅客财物丢失的类型有哪些?

2.财物丢失以后旅客的心理特点是什么?

任务七　客舱商品营销

一、客舱商品营销的特点

相较于其他环境下的商品销售,客舱商品销售有着得天独厚的优势。由于航班飞行时间较长,娱乐设施设备的使用限制,长途飞行旅客难免会感觉无聊。航班销售商品无疑是提升旅客飞行舒适度的最佳方案。在一些国际航班上,大部分航空公司都会销售各类免税商品,旅客可以购买到更加优惠的商品。如今机上产品的种类越来越多元化,从香化类、健康护理类,到腕表首饰、香烟美酒等,可以满足各类旅客的需求,也使得旅客更加期待体验优惠便捷的机上购物活动。

二、客舱商品营销的沟通技巧

旅客对于乘务员的形象一直非常肯定,认为乘务员都是形象气质俱佳。那么在客舱商品销售的过程中乘务员自己便是商品最好的"代言人"。真诚的笑容和诚恳的推荐,可使商品在这一过程中最直观地展示在旅客眼前。在商品销售前可以进行客舱广播,这样乘务员可以迅速有效地调动旅客的购买积极性。明确的销售信息、吸睛的折扣让利足以让乘客拥有更好的购物体验。在客舱商品营销的过程中乘务员也要懂得量体裁衣,针对不同类型的乘客,要做到在种类繁多的商品中帮助不同需求的旅客挑选出最切合他们实际需求的商品。例如对于年轻女性乘客可推荐适合的化妆产品,携带儿童的旅客,可向其推荐玩具及文具类产品。也可针对航程目的地特点向旅客介绍到达目的地后会使用到的产品。在销售的过程中要做到耐心、真诚。切记不要为了销售商品而影响旅客航程中的休息,对待旅客提出的问题要耐心回答。销售额只是数字,并不是目的。客舱商品营销是为了让旅客们更全面地体验优质服务。

【思考题】

1. 客舱商品营销特点是什么?
2. 进行客舱商品营销注意哪些要点?

任务八　抢劫等冲突情况的谈判

一、冲突的概念和要素

人际沟通学为人际冲突提供了一个广泛的定义:两个或两个以上相互依赖的个体之间,感到彼此的目标不相匹配、资源不足以及彼此的行为对对方实现目标产生干扰的时候,所表现出来的明确的斗争。

根据该定义的界定,人际冲突具备五项关键要素,分别是冲突各方彼此间的相互依赖、感到目标的不匹配、斗争形式是明确表露的、感到资源的不足,以及在过程中感受到来自对方的阻挠。

(一)彼此间的相互依赖

产生冲突是因为一方的行为会影响另一方的利益,因此只有相互依赖的个体之间才会产生冲突,当个体彼此独立且互不干扰,就没有产生冲突的需要。而人是社会性动物,我们的生活依赖于环境中的其他人,会发生复杂的关系联结和依赖,因此人类社会中总是存在各种各样的冲突。彼此之间依赖的程度越高,产生冲突的频率也就可能越高,例如与父母、爱人、朋友之间产生冲突的概率高于其他群体。

实际上,意识到冲突双方彼此依赖,是建设性地处理冲突的前提。很多人在解决冲突的过程中把问题弄得越来越复杂,可能就是因为没有意识到彼此相互依赖这一点,在应对冲突时采取的策略更为极端化。

(二)感到目标的不匹配

冲突的导火索往往来自双方意识到彼此的目标是不匹配的。这种不匹配不是单纯地指目标不同,它还体现在双方认为彼此的目标无法同时满足,利益相冲突。当然,目标匹配与否有时取决于双方对目标的认知,这种认知受经验的影响,即在目标并不是完全不相容的情况下,如果双方能意识到可以在一定程度上满足各自的目标,而不是只关注自己的目标,那么冲突就能得到避免或是解决。

(三)明确表达出来的斗争

人际冲突是一种外化的分歧,只有双方都意识到矛盾的存在,并且对矛盾采取行动,冲突才会真正存在。例如,你可能很不喜欢同事的处事风格,但你们之间不一定会产生冲突,除非你采取某些行为让同事知晓了你的不满,并且产生了争执,冲突才会存在。冲突是明确表达出来的斗争,除了语言,还可以通过非语言的形式表现,例如讽刺的语调、不友善的目光、冷漠的回避等。

(四)感知到资源的不足

人际冲突的发生有时是因为人们感知到资源的不足,资源的不足通常体现在时间和金钱上。职场的竞争常会发生冲突,但不只在职场中我们会感知到资源的不足,日常生活中我们也常常为怎样分配和使用时间产生冲突。例如在平衡工作和生活的关系过程中,就很容易产生冲突,这本质上也是资源分配不足的问题。

(五)来自对方的阻挠

存在分歧并不意味着冲突就会发生,只有当一方的需要因另一方的阻挠而得不到满足时,冲突才会表现出来。例如在某项决策上,工作人员认为方案一更好,而旅客认为方案二更好,这时你们只是有不同的偏好,而不一定会产生冲突。但当工作人员在行为上明确不满足旅客的需求时,冲突就会产生。

二、容易诱发冲突的行为

(一)负向攻击

抱怨、批评、蔑视等行为都是不同程度的负向攻击行为。不适宜的抱怨可能转化为一种对对方的批评。当抱怨聚焦在对人的价值观或者人格的判断上,而不是针对冲突本身的内容时,抱怨就会表达出一种对对方的批评。心理学的研究指出,抱怨者可能没有恶意,但是当人听到此类对其人格特征进行判断的句子时,容易产生被否定、不被尊重的感觉。

抱怨不一定引发冲突,但当抱怨含有对对方的价值和人格的否定与轻视时,就变成一种批评,而批评无疑会使沟通的焦点从对事件的讨论转移到对对方的攻击和自我的防卫上,从而容易诱发沟通中的冲突,破坏关系。

(二)防卫

防卫时的行为表现主要包括以下三类:第一,当面临冲突时,不肯承担责任,不会道歉,把过错推给别人,喜欢扮演无辜角色,使对方不知不觉扮演迫害者角色。常见语境例如,"要不是你……,我会……?"第二,看不到他人的有理之处,只急着指出对方的错误。第三,一面保护自己,一面猛攻对方的弱点。

防卫有以下四种主要类型:

(1)回避。回避是一种消极的防卫,试图通过某些方式来躲避那些让自己受到伤害的信息。例如,当遭受到来自伴侣的连续攻击或批评时,离开沟通现场,不与对方待在同一个空间,物理上直接阻止自己受到攻击。这种防卫可能会带来更糟糕的情况,因为这种拒绝的姿态常常是表明"我不想理你""我讨厌你,不想与你说话",而这些无疑会给对方带来更多的伤害,引起更强烈的不满情绪。

(2)反击。反击是一种积极的防卫,但这种防卫常常带来战火升高的结果。这里的反击,主要是指口头上的反击,用语言上的侵犯来实现防卫。这种防卫是通过贬低别人抬高自己,来获得心理上的平衡。

(3)找借口。找借口是一种看似积极实则消极的防卫,因为这种防卫存在推卸责任的意味。它常常含有几种形态,例如合理化、补偿。合理化就是我们最常用的防卫,表达出一种做这个决定与自己的意愿无关、只与现实有关的意思,从而为自己不被接受的行为提出一种合理的解释。

(4)筑墙。从字面意思理解就是在沟通双方之间树立一道墙,使沟通过程中断,在冲突的过程中,一方急着与对方沟通,希望得到回应解决问题,而另一方急着把自己封闭起来,逃避让自己感到敏感不安的话题。

三、劫持情境的主要特征分析

第一是事件具有突发性,往往难以预料,难以做沟通准备。从劫持事件的生成过程来看,难以预测的因素通常表现为四个方面:一是策划所需的时间较长。劫持者往往先具备某种明确企图,然后再策划手段,因此抢劫行为往往相对周密而超出常人预料。二是劫持行为的持续时间较为短暂。通常劫持人员对现场环境熟悉程度高,行动迅速,反应灵敏,所以会以袭击等较为快速的手段实现。因此这类事件的关键处理时间也非常有限。三是劫持人质行为的诱因、动机、作案时间以及地点均缺乏明确的信息,其所带来的影响难以预料。四是劫持者与被劫人之间信息交流障碍较大,且存在严重的心理偏差,沟通难度非常大。

第二是情绪波动剧烈,沟通难度大。劫持人质的目的在于获取财物、泄愤、报复等,其作案目的强烈,手段残忍,如通过伤害、危害人质或与其同归于尽以达到犯罪目的。身处抢劫事件的相关人员均容易出现紧张情绪,情绪波动剧烈。如果沟通中,情绪的处理不到位,那么将具有极高的危险性,随时可能引发极其严重的后果,包括但不限于人质死亡、无辜的伤害、恶性事件的发生以及自杀等。

四、谈判语言运用的策略和技巧

以示真诚,缩短心理距离。谈判一开始,双方就需要一个相互交流和理解的过程。这一阶段,谈判者要尽量回避直接触及实质性问题,而应从事件之外寻求与劫持者共同的问题。通常谈判者会将其身份介绍给劫持者,旨在和劫持者讨论妥善解决这一问题。此时,无论谈判者初衷是什么,一定要对劫持者完全表现出愿意帮其排忧解难的赤诚之心,用真心去感动对方。通过初步交谈,尽可能地拉近心理距离,在与劫持者"友好和睦"的基础上,营造合作氛围,为谈判的深入打下良好基础。

(1)倾听本质,寻找切入点。谈判过程中的倾听和劝说具有同等的重要性,谈判人员不应该只注重劝说,而更应该耐心和投入地倾听,挖掘对象的言外之意,破解行为背后蕴藏的需求本质。通过倾听快速把握劫持者的心理特征,找到突破难题的关键切入点。

（2）清晰征询，把握谈判主动权。谈判者要在有限的时间内掌握关键信息，才能掌握谈判方向。通常可以通过沟通快速收集以下信息：①劫持者数量、性别、年龄、体格、文化程度，以及是否持有凶器等基本讯息。②劫持者的动机，目标。③劫持者与人质之间是否相识、有什么冲突。④对劫持者生理和心理健康水平作基础判断。⑤劫持者的家庭政治地位，经济状况和文化背景；家庭成员及他们之间的关系以及家庭面临的重大问题等；对其影响最大者为何人等深入讯息。⑥违法犯罪记录及其他。

（3）识别劫持者的心理弱点。谈判者在与劫持者沟通时，应从对方的言行举止、情绪变化等外表去挖掘他们的内在情感、剖析他们心理上的弱点、理解他们内心深处隐藏的需求，通过语言去激发潜在的信息浮出"水面"，在情理范围内满足他们的心理需求。

五、谈判成功的关键

第一，充分共情谈判对象，同时关注自我感受。如果谈判对象表现得很愤怒，这其实是个信号，在提醒谈判者务必密切关注他的感情变化。应该先尝试明确对方愤怒的缘由：是对方在寻找报复的方法？还是个人的家庭问题干扰了企业的发展？对方是否希望用发脾气来获得自己的退让？或者对方无奈时的某种感情宣泄？在厘清的过程中，会觉察到对方的情绪并不是针对个人，而是有其缘由，进而也能够更好地控制自己的情绪。相较于急着解释、澄清，会更有利于谈判的进行。

第二，先处理情绪，再解决问题。当对方的情绪仍处于宣泄状态，就还不是解决问题的最佳时期。这个时候最好的方式是安静地听对方说话，顺势搭建通道帮助对方发泄情绪，若时机合适还可以引导他把原因说明白，而不是一味地阻止、反击和堵塞。在发泄的过程中，对方会释放能量，有利于更快地平复情绪。

第三，使用象征性的体态语言缓解情感冲突通常来说，谈判的目的是达到共赢。在缓和情感冲突的过程中，言语沟通有的时候是无力的，一些符号性的体态语言常常能起到出人意料地扭转局势的效果，比如，和对方握握手、送个小小的礼物、说请客吃饭等等，可能会在谈判中起到事半功倍的效果。

第四，掌握一定的谈判技巧。

（1）叙述技巧。即充分阐明情况使对方了解己方的观点、方案和立场。叙述的入题方式颇为讲究，采用先谈细节，后谈原则性问题，或先谈原则，后谈细节问题，会产生截然不同的效果，要视具体情况而决定采用何种顺序。

（2）提问技巧。谈判中，提问发挥着独特作用。可以获取信息，引导谈判走向，还可以缓和气氛。

（3）答复技巧。回答对方提出的问题之前，自己要留有一定的思考时间来巧妙答复。面对困难问题，可以暂时拖延回答，可以一笑了之，也可以迂回回答。

（4）态度技巧。谈判者的态度对解决冲突有着十分重要的影响。如果拥有诚恳的态度会很大程度避免产生对抗情绪，帮助谈判的顺利进行。

【思考题】

1.容易诱发冲突的行为有哪些？

2.当处理劫持事件，要注意把握哪些案件特点？

3.如何实现有效谈判？

>>> >>> 模块五

民航服务内部
沟通技巧

学 习 目 标

知识目标:掌握民航服务内部沟通内涵,理解民航服务沟通的原则。

能力目标:根据内部沟通的原则和特点,进行有效沟通。

素质目标:在二十大精神的指引下,树立有效沟通的观念,形成真诚高效服务理念。

思 维 导 图

平行沟通

- 平行沟通障碍
- 平行沟通策略

上行沟通

- 民航服务上行沟通的含义和作用
- 民航服务中采用上行沟通的情景
- 民航服务上行沟通的技巧

下行沟通

- 下行沟通的含义和作用
- 常见的民航服务下行沟通情景
- 民航服务下行沟通的关键要点

任务一　平行沟通技巧

 相关知识

平行沟通即同级沟通，又叫横向沟通，指的是平级间进行的与完成工作有关的交流，其特点是宽松、亲密、迅捷。沟通的双方是同级关系，不存在谁指挥谁，谁服从谁的上下级关系。但管理者是通过他人来完成工作任务的，而他人并非只是自己的下级，很多工作需要平级部门间的合作，需要同事的配合。所以，营造良好的同事关系很重要。

一、平行沟通的障碍

乘务员与旅客之间的沟通是确保飞行安全和乘客满意度的关键因素之一。然而，在实际操作中，许多障碍可能会影响乘务员与旅客之间的平行沟通，这些障碍包括以下四个方面：

（一）文化差异

文化差异是影响乘务员与旅客之间平行沟通的一个主要障碍。不同的国家和地区有不同的语言、信仰、价值观和行为准则，这可能导致乘务员和旅客之间产生误解和不必要的冲突。例如，在某些国家，面对面的直接表达可能被视为粗鲁或不礼貌，而在其他国家，这样的表达方式则被视为坦率和真诚。因此，当乘务员与旅客进行沟通时，需要了解并尊重对方的文化背景和行为准则，以便有效地沟通。

（二）语言障碍

语言障碍也是一个常见的平行沟通障碍。在国际航班中，乘务员和旅客来自不同的地方，使用不同的语言交流。如果乘务员和旅客之间的语言能力不一致，就很可能导致信息的误解和沟通的困难。例如，如果乘客遇到麻烦但乘务员不懂他们的语言，那么乘务员可能无法理解乘客的问题并提供相应的帮助。在这种情况下，乘务员需要制定一些策略来克服语言障碍，如使用图示或符号，或者请其他能流利说该乘客语言的工作人员提供协助。

(三)疲劳和压力

疲劳和压力是影响乘务员与旅客之间平行沟通的另一个障碍。在飞行期间,乘务员通常需要在有限的时间内完成大量的工作,包括提供安全指示、为乘客提供服务和处理紧急事件。如果乘务员处于疲劳状态,就可能无法保持对话的清晰和连贯。此外,当面对突发事件时,压力水平可能会很高,乘务员可能会感到焦虑和困惑,这也可能导致沟通的失败。因此,乘务员应该接受足够的培训,学会管理疲劳和压力,并在需要时寻求支持和协助来确保平行沟通的有效性。

(四)技术设备故障

最后,技术设备故障也可能成为影响乘务员与旅客之间平行沟通的障碍。在现代飞机上,乘务员通常使用各种技术设备来提供服务和管理飞行。然而,如果这些设备出现故障或失灵,乘务员可能无法正常使用它们,并导致信息传递的延迟和失误。例如,当乘务员试图与机组人员联系时,如果通信设备出现故障,则可能无法及时传达重要信息。为了克服这个问题,乘务员需要密切注意技术设备的运作情况,并准备好备用通信渠道,如手持无线电机或备用电话。此外,在设备故障发生时,乘务员应该采取快速而有效的措施来处理该问题,确保及时恢复通信并达到平行沟通的目标。

二、平行沟通的策略

(一)适当的培训和准备

乘务员需要接受适当的培训和准备,以确保他们能够处理各种情况。对于一些特殊的旅客,比如残疾人或者老年人,需要专门的沟通技巧和知识。乘务员还应该掌握基本的语言技能,包括掌握基本的外语词汇和语法,以便与非本地旅客进行交流。此外,乘务员还应该了解航班相关的安全信息,并能够向旅客传达相关信息。

(二)清晰的语言

在与旅客进行沟通时,乘务员需要使用清晰、简单和易懂的语言,应避免使用过于专业或复杂的词汇和术语,这会让旅客感到困惑或不理解,根据实际情景,应该尽可能使用口头和非口头相结合的沟通方式,以确保信息的准确传递。

（三）积极的肢体语言

乘务员的肢体语言也是沟通的重要部分。他们应该用积极、友善和自信的姿态去面对旅客。比如微笑、鞠躬或者用手势指示方向等都是有效的方式。这可以帮助减轻旅客的压力和焦虑，并构建良好的关系。

（四）提供多种交流方式

在沟通中，提供多种交流方式也是十分重要的。乘务员应该提供口头、书面和视觉等多种方式，以便旅客能够选择最适合自己的方式来获取信息。比如，乘务员可以提供对话框或者安全卡片等，让旅客可以自己阅读，也可以进行一些简单的互动。

（五）定期学习更新沟通技巧

沟通技巧需要根据时代的变迁、技术的进步和文化的演变进行定期更新。乘务员需要密切关注行业的最新趋势和变化，以便及时更新自己的沟通技巧和策略。例如，近年来使用智能手机、平板电脑等设备的旅客比例日益增加，乘务员应该利用这些设备提供更多的信息和服务。

总之，乘务员与旅客之间良好的沟通至关重要。在平行沟通中，首先要养成和当事人主动沟通的习惯，用直接、真诚并且比较适宜的方式来表达自己的需求、意见等；要懂得换位思考，站在对方的角度思考问题，充分考虑对方在合作中的得失，找出双方的问题和症结所在；多多倾听旅客诉求，通过倾听可以了解对方的关注点、问题和顾虑，从而解决平行沟通信息不对等的问题。美国著名的人际关系学大师卡耐基在沟通学上有一个原则，即先适合别人的需求，进而达到自己的需求。

【思考题】

1.平行沟通的障碍有哪些？

2.平行沟通的策略有哪些？

任务二　上行沟通技巧

一、民航服务上行沟通的含义和作用

民航服务上行沟通是指民航企业向消费者提供服务的过程中主动进行的沟通方式。这种沟通方式强调的是乘客的需求和感受,将其放在首位,并及时地对其反馈作出回应。民航服务上行沟通是维护良好消费者关系和提升企业形象的重要手段,在提高服务质量、创造品牌价值方面有着不可替代的重要作用。

(一)民航服务上行沟通能够提升服务质量

在民航服务过程中,消费者需要得到专业、及时、周到的服务,而民航服务上行沟通正是针对消费者需求的服务模式。通过进行上行沟通,民航企业能及时了解消费者对服务的评价和需求,并在服务环节中加以改进,从而提高服务质量,增强消费者的满意度和忠诚度。

(二)民航服务上行沟通有助于建立良好的消费者关系

乘客是民航公司的重要利益相关者,乘客满意度直接影响公司的形象和声誉。通过上行沟通,民航公司能够积极地与消费者沟通,了解他们的意见和建议,并及时回应和解决问题,这样就能够建立良好的消费者关系,为公司带来更多的回头客和口碑宣传。

(三)民航服务上行沟通能够提升企业的形象和品牌价值

在激烈的市场竞争中,民航公司需要不断地提升自身形象和品牌价值,而民航服务上行沟通正是一个有效的手段,通过加强与乘客之间的沟通,民航公司能够根据乘客的反馈及时调整服务策略,提高服务质量,从而进一步提升企业的形象和品牌价值。

二、民航服务中采用上行沟通的情景

（一）安全指示和紧急情况

当发生安全问题或紧急事态时，民航乘务员需要立即执行航空公司的指示，以保障飞行安全，这时需要采用上行沟通方式。在飞行过程中，乘务员需要向机组长汇报客舱状况，包括旅客的数量、状况、安全问题等。这样，机组长可以及时了解客舱状况并制定相应的措施，以便保障飞行安全。

（二）信息传递与政策通知

民航公司需要向民航工作人员传达一些新政策、流程或更新后的指导，如行李限制、登机流程变化等，这时需要采用自上而下的沟通方式。

（三）航空公司管理层与员工间的沟通

民航服务人员通过各种途径向管理层提供自己的意见和建议，如通过公司内部网站、邮箱等。这些意见和建议可以分为工作流程改进、员工福利提高、公司形象优化等方面，能够让管理层更好地了解民航服务人员的需求和想法，同时对于组织运行和员工满意度提升都有积极的作用。

（四）操作规程

机组成员需要遵守航空公司的各项操作规定和程序，保持标准化和规范化的工作，这时需要采用自上而下的沟通方式。在飞行过程中，机长需要接受空勤人员对于飞行过程中出现的问题的反馈。例如，发现某个仪器出现故障，乘务员需要及时反馈给机长，以便机长采取相应的措施来解决问题，同时也让机长对于乘务员在飞行过程中的状况有更直观的了解。

三、民航服务上行沟通的技巧

在民航服务中，上行沟通十分重要。通过良好的上行沟通，民航工作人员可以向管理层反映客户的需求和意见，从而改进服务质量，提高客户满意度。以下为民航服务中上行沟通的技巧：

(一)立足客户视角

在进行上行沟通时,民航工作人员需要始终站在客户的角度思考问题。旅客的需求和意见是民航服务质量改进的重要依据,只有了解旅客的需求和意见,才能根据客户的需求定位服务方向,提高服务质量。

(二)及时反馈问题

当民航工作人员在执行任务中遇到问题时,应及时向管理层反馈,以便及时解决问题。此外,民航工作人员应详细描述问题的情况,并提出解决方案或建议,以便管理层能够快速有效地解决问题。

(三)提出合理化建议

民航工作人员在执行任务时,不仅要反馈问题,还要提出合理化建议,推动服务质量的不断提升。民航工作人员需要全面了解所在部门的工作流程和业务规则,通过优化流程和改进规则,达到提高服务效率的目的。但是,在提出建议时,应注意实际可行性,并避免过于激进。

(四)保持积极态度

在进行上行沟通时,民航工作人员需要保持积极的态度,尽可能地消除管理层的顾虑和疑虑。民航工作人员应该以积极的态度对待问题,并为解决问题而努力,这样管理层才会认可对应工作贡献,提高民航工作人员的信任度。

(五)学会合理分配工作

在民航服务中,民航工作人员之间的协作是十分重要的,当一些问题需要向管理层反馈时,应根据各个民航工作人员的专业背景、经验和能力,将任务分配给最适合的人,这样可以减少反馈信息的错误和遗漏,提高质量和效率。

(六)保护客户信息

在进行上行沟通时,民航工作人员需要注意保护旅客信息的安全。旅客的个人信息是受法律保护的,如果泄露客户信息,可能会引起诸多问题,因此,民航工作人员需要在保证信息准确性的同时,合理地处理信息,保护旅客的隐私权。

【思考题】

1.请简述民航服务中上行沟通的情景。

2.民航服务上行沟通的技巧有哪些?

任务三　下行沟通技巧

相关知识

一、下行沟通的含义和作用

下行沟通是指由上级向下级进行的信息传递和交流。在民航服务中,这种沟通方式的目的是向下层民航工作人员传递公司战略、政策和预期以及向乘客告知相关法律法规和安全管制要求等。下行沟通可以增强组织的凝聚力和团队合作精神,加强乘客对民航公司的信任和忠诚度。

下行沟通是民航内部沟通非常重要的一环,具有以下作用:

(一)传递公司战略和政策

上级通过下行沟通向下级员工传达公司的战略和政策,让民航工作人员知道公司的愿景和目标,清楚地了解公司的运营模式以及业务计划。这些信息使民航工作人员能够更好地理解公司战略和政策,理解自己的工作在公司的发展中扮演的角色,并能够更好地配合公司的决策和规划。

(二)提高员工工作效率

通过下行沟通,上级向下级员工传达工作任务和细节,帮助民航工作人员了解具体工作内容和要求。这样,民航工作人员就可以更加有效地完成工作任务,提高工作效率,清楚地知道自己的职责和工作重点,从而更好地进行时间管理和工作规划。

(三)促进员工发展和成长

下行沟通可以为民航工作人员提供有关公司的信息和规划,清楚自己在公司的发展方向和能够达到的目标,从而制定自己的职业发展计划,并能够更加精确地找到符合自己技能和兴趣的工作机会,从而在公司中实现更大的成长。

(四)增强组织凝聚力

通过下行沟通向下级民航工作人员传递公司的愿景和目标,可以帮助员工加深对公司的归属感和忠诚度。民航工作人员会因为了解公司的使命和目标而意识到自己的工作与公司的发展密切相关,并且在公司中感到更有归属感和认同感。

二、常见的民航服务下行沟通情景

(一)登机前的安检

安检是每位乘客进入机场必须经历的环节。安检人员需要给所有乘客讲解安检的流程和规定,比如行李、液体和电子设备的限制。他们需要用清晰明确的语言告诉乘客哪些物品可以带上飞机,哪些物品需要放在托运行李中,以及如何处理被禁止携带的物品。在这个过程中,安检人员需要保持耐心,并且对任何乘客提出的问题都要给予认真回答。

(二)登机前的值机

值机是取得登机牌和托运行李的一项重要环节。值机员需要给乘客提供各种服务信息,如候机室位置、登机时间、座位位置和行李托运费用等。他们还需要向乘客介绍机场的特殊设施,如商店、餐厅和休息室等。在这个过程中,值机员需要用友好且专业的语言来解决乘客的问题,并保持冷静和耐心。

(三)机上服务

机上服务是民航乘客最直接体验到的航空公司服务之一。机组人员需要及时、热情地向乘客提供各种服务,如饮食、饮料、枕头、毯子和娱乐节目等。在这个过程中,机组人员需要用愉悦且尊重的语言与乘客交流。当乘客提出问题或投诉时,他们需要认真倾听并寻求解决方案。

（四）延误和取消航班时的服务

航班延误和取消是航空公司无法避免的情况之一。在这种情况下，服务人员需要及时向乘客提供准确的信息，并协助乘客安排后续行程，如转机、改期或退票。在处理这种情况时，服务人员需要保持冷静、专业和耐心，以免引起冲突。

三、民航服务下行沟通的关键要点

（一）了解乘客需求

在提供服务前，乘务员应该首先了解乘客的需求。这包括乘客的航班信息、目的地、座位位置等各方面的细节信息。只有了解乘客的需求，才能提供个性化的服务，更好地满足他们的需求。

（二）注意语言表达和沟通技巧

只有清晰的语言表达和娴熟的沟通技巧，才能让乘客充分理解自己的需求和服务。在沟通过程中，乘务员应该注重语音语调的正确使用，并且适当运用肢体语言进行辅助表达。同时，应该倾听乘客的反馈，对于他们的问题给予及时的解答和回复。

（三）提供贴心服务

乘务员应该尽可能提供符合乘客需求的贴心服务。这包括提供水、毛毯等舒适度相关的服务，或是代为转移行李等方便服务等。此外，也可以根据乘客的个性化需求，提供特殊饮食、婴儿床位等服务。

（四）处理紧急情况

在飞行过程中，可能会发生一些紧急情况，例如氧气压力异常、恶劣天气等。此时，乘务员需要掌握应对技能和处理方法，并且在第一时间通知乘客和航班管理部门，协助解决问题。

【思考题】

1.请简述下行沟通的作用。

2.请简述民航服务下行沟通的关键要点。

>>> >>> 模块六

民航服务沟通
的其他技巧

学习目标

知识目标: 了解民航服务沟通其他技巧,掌握特殊场景下的语言沟通策略。

能力目标: 培养特殊场景下的沟通思维、洞察力与敏感性。

素质目标: 在二十大精神的指引下,坚持"旅客至上"的服务理念,不断丰富自我的服务沟通技巧。

思维导图

善用修辞

- 婉曲语的含义
- 影响婉曲运用的语境因素
- 婉曲的多种表达方式
- 婉曲在客舱沟通服务中的运用

巧用模糊语

- 模糊语言在日常生活中的特点
- 模糊语言的运用方式
- 模糊语言的典型作用

灵活使用拒绝表达

- 常用的拒绝表达形式
- 拒绝表达在客舱服务中的语言策略
- 影响拒绝的非言语因素
- 相关会话能力的培养方式

任务一　善用修辞

一、婉曲沟通的含义和作用

婉曲沟通是指在交流中使用委婉、含蓄的语言和方式，以避免直接或过于冲突的情况，从而达到有效沟通的一种方式。同时也是互相尊重和保护彼此自尊心的表现。在人际交往中非常常见，它可以在不伤害对方感情的前提下传递信息，使得双方在沟通中都能够得到满意的结果。

婉曲沟通主要有以下作用：

（一）避免冲突

在婉曲沟通中，通过优秀的语言技巧和表达方式，防止直接或激烈的言论和行为引发冲突。这有助于人们保持理智冷静，控制情绪，以便更有效地解决问题。

（二）维护关系

在交流过程中，使用婉曲沟通可以避免违反他人的界限，保护双方的自尊心，从而确保良好的关系和良好的沟通。

（三）促进理解

使用婉曲沟通可以避免一些错误的、过激的言语和行为，使得信息传递更顺畅、更准确、更清晰、更有效。这有助于双方更好地理解对方的意图和观点，推进事情的进展。

（四）增强影响力

婉曲沟通可以在不冲突的情况下传递信息，这使得人们在交流过程中表现出较高的文化素质、真诚、礼貌、耐心和谦虚，从而获得更多人的认同和信任。婉曲沟通要求人们提高自己的语言和思维能力，学会倾听、关注、思考和控制情感等能力，从而加强自己的个人修养。

二、影响婉曲运用的语境因素

(一)交流个体特点的影响

在客舱服务中,乘务员的交流对象主要为乘客,性别、年龄、籍贯、职业等因素的差异都会影响乘务员的服务用语和交流方式。例如,男士通常更喜欢说温和、有礼貌的语调,而女士则更喜欢说温柔、有趣的语调。此外,不同的个体可能会有不同的语言习惯,例如,常年旅居在外国的中国年轻人更习惯说英语,而喜欢中华文化的外国人可能更喜欢说中文。

(二)带有禁忌色彩主题的影响

在许多情况下,使用婉曲语往往是出于对一些不易直接表达,甚至具有某些禁忌性质的话题的考虑。

(三)文化及地域差异的影响

文化的多样性和复杂性在语言交流过程中表现得淋漓尽致,它们不仅反映了当时的文化传统,还体现了当时的社会结构、历史文化、社会制度、政治制度、经济制度以及文化环境,这些文化的不同有可能引发文化碰撞或者矛盾。在航空服务中,婉曲语是一种重要语言,但它在实际应用中可能会因地域、语言和习俗等因素而发生变化。因此,乘务员需要了解各个地区之间的语言和习俗,以便更好地进行交流。

三、婉曲在客舱服务中的多种表达方式

(一)侧面暗示

侧面暗示是一种常见的表达方式,它可以帮助我们更好地理解对方的意图。通过使用这种手段,我们可以更深入地了解对方的真实想法,并从中获得更多信息。

(二)模糊用语

模糊语言是指外延不确定、内涵无定指的特性语言。由于模糊语言它的外延和内涵都不确定,因此拥有更强的概括性和灵活性。当遇到一些不能直接回答或者需要解决的问题时,它可以帮助我们跳出既定框架,从而避免陷入尴尬和矛盾的境地。

(三)比喻

通过比喻,我们可以更好地表达情感。比喻是用不同的事物来描述它们,或者用它们来解释道理。在客舱服务中,如果乘务员能够灵活运用比喻,不仅能够提高客舱沟通能力,还能增加彼此交流的乐趣。

四、婉曲在客舱沟通服务中的运用

(一)使用文明、礼貌的用语

礼貌是一种文明的行为,它既体现了个人的教养,也反映了一个民族的社会发展水平。在机舱服务工作中,应该尽可能避开使用粗俗、不礼貌的语言,而是采用恰当的措辞,既能够体现出自身的谦逊,又能够表达出对他人的尊重,从而获得良好的交流效应。当问起老人的年纪时,"您高寿"通常被用来代表身份、位置较高的乘客,"阁下"则被用来代表肢体有残障情况的乘客,"失聪"则被用来代表"耳聋","失明"则被用来代表"眼瞎",这种委婉的表达方式更能让人感受到亲切的情感。

(二)善于运用热情、幽默的语言风格

通过运用幽默、诙谐的语言风格,可以创造一个和谐、轻松的客舱氛围。尽管乘务人员可能会非常谨慎,但是如果他们能够在提供耐心、周到的服务的同时,运用婉转的语言来营造出幽默的效果,就可以有效地消除错误的话语和尴尬的气氛。即使是在日常服务中,乘务员仍然可以运用温柔的语言来建立良好的人际关系,创造出舒适的客舱环境,从而减轻他们的工作压力。

(三)尊重乘客心理需求,避免刺激他人情感

为了满足人们渴望被肯定和尊重的心理需求,乘务工作人员应该依据人际交往环境和人际交往目的,合理使用婉曲语,以免触动对方或伤害他人思想感情,同时也能给予他人抚慰。在机舱工作中,乘务工作人员应该运用婉曲语来缓解窘迫状况,消除不良情绪,如难过、气愤、紧张等,从而到达"柳暗花明又一村"的境地,让听者得到抚慰,获得更多的满足。确保服务语言的文明礼貌,维护机舱环境的舒适安宁。

【思考题】

1.婉曲表达的影响因素有哪些？

2.婉曲的一般表达方式有哪几种？

3.请简述婉曲在客舱沟通服务的运用方式。

任务二　巧用模糊语

一、模糊语言在日常生活中的应用

1923年，英格兰知名思想家罗素在《论模糊性》一文中提出，自然界用语中出现朦胧的现象。1957年，英格兰知名语言学家琼斯在《"音位"的历史和意义》一文中也提出："大众（包含一些要求'精确无误'的人）在讲话和书写时，经常会采用不准确、笼统的、难以下定论的词语和规定，比如在日常生活中，指示气温的词（凉、冷、烫），指示时间的词（早晨、中午、傍晚），指示时令的词（春天、夏天、秋天、冬天），以及'9点左右出发''100多名顾客'等，都是朦胧的表达。虽然这些用语在日常生活中可能会被误解或者被曲解，但它们却是非常重要的，它们的意义和作用不容忽视，甚至可以说是非常有必要的。"

模糊语言是一种广泛应用在日常交流的言语技巧，包括在客舱服务中。乘务员每天都会遇到各种各样的乘客以及始料未及的突发情况，在面对这类情况时，乘客可能无法清楚、准确地表达自己的想法，或者乘务员基于事情的突发性、敏感话题等可能无法提供准确的回答，这时基于礼貌就需要运用模糊语言进行合理的回避和过渡，以达到恰当、轻松、幽默、和谐的服务效果。

二、模糊语言在客舱服务中的运用

（一）时间性模糊语言的运用

飞机上乘务员经常会被问到"飞机几点起飞？""什么时候能到达？""晚点了多长时间？""我的饮料什么时候能送过来？"等问题，虽然一般情况下乘务员都能提供准确的回答，但如果遇到突发事件、安全管制、恶劣天气等情况，乘务员是无法保障具体时间的，但他们不能对乘客直接回答"我不知道""我不清楚"，否则可能受到旅客的误会，从而影响航班的顺利。乘客甚至会感到自己被忽视，或者被欺骗，严重影响服务体验。但是，正确使用时间性的模棱两可的话语，就有助于消除误解和尴尬，从而让乘务人员更加热心地服务于旅行者。

（二）暗示性模糊语言的运用

暗示是一种特殊的语言，它可以表达出一种深层次的含义，或者是一种暗示性的信息，它可以帮助我们更好地理解对方的想法，并且可以帮助我们更好地表达自己的观点。在许多情况下，使用暗示性模糊语言往往是因为它们涉及一些不容易直接表达，甚至具有禁忌性的话题，正确、合理运用暗示性模糊语言可以有效避免尴尬、窘态和为难。

（三）称谓模糊语言在客舱服务中的运用

一般人们依照一定的模式对不同的对象、在不同的场合选择不同的称谓语。然而，在现实交际中总会出现一些不确定因素，人们在使用称谓语时在语义、指称对象和范围上也存在模糊现象。"模糊称呼在这种频繁的交往中，能利用自身潜在的'语用力'（pragmaticforce）创造出和谐宽松的气氛，建立起良好的人际关系"。

在客舱服务中，面对形形色色的乘客，乘务员出于礼貌或语境需要也可以适时使用模糊性称谓语。在不清楚年龄、身份的情况下我们一般将女性乘客称呼为"女士"，现在已不合适运用"小姐"的称谓。"小姐"一词最初是用来称呼元代以后的官僚富家待字少女，但随着时代的发展，"小姐"一词也被用来指代妓女，尤其是在20世纪90年代。因此"小姐"一词较为敏感，已经不再适用于称呼女性乘客。为了照顾乘客的感受和情绪，空中乘务员应当使用"女士"来代替"小姐"，以减少不必要的误解。对欧美地区的女性乘客可以用Ms.。Ms.这一称呼起源于美国20世纪60年代妇女运动。当时称呼妇女时有Mrs.和Miss两种，前者指称已婚妇女，后者指称未婚妇女。而对男士无论有无婚姻状况统称

Mr.。妇女运动的成果之一就是创造出不再暗示婚姻状况的新的称谓语 Ms.,翻译成中文就是"女士"。对男性乘客可以统称为"先生"。"先生"在中文语境中本是对老师的雅称,现在也成为一种尊称。

对一些 VIP 乘客乘务员应尽量用尊称称呼对方。如在使用职称称谓时,通常采用"姓氏或姓名+职位或头衔",如"王部长",但当职位或头衔为副职时,如果称其为"赵副部长",则有可能被听者误解成强调其为副职,因此为了显示对被称呼人的尊重或维护其面子,可以省去"副"字,直接称呼"赵部长"。

三、模糊语言在客舱服务中的典型作用

(一)用于体现礼貌和尊敬

英国学者布朗和莱文森在《语言使用中的共性:礼貌现象》一文中指出,在言语交际中,为了表达出一些有礼貌的信息,说话者往往会使用模糊语言。这种语言的使用,正好符合了人们渴望得到认可和尊重的心理需求,从而使得交流更加有效。乘务人员应该根据交流环境和目的,灵活运用模糊语言,以确保服务言辞的文明、礼貌、准确、恰当。

(二)用于缓解或者摆脱尴尬的处境

模糊语言是一种灵活的交流方式,它能够帮助乘务员在遇到不方便或者不想回答但又必须回答的问题时,运用模糊语言来回应对方,并且能够避免尴尬和冲突。它与精确语言相比,具有更大的灵活性和延展性,在一些特殊情景下发挥很大的作用,如面对一些迫切想知道飞机落地或起飞时间,提供模糊的时间段能够缓解乘客的焦虑和紧张。

(三)用于暗示、提醒及自我保护

乘务员在客舱中有时会遇到一些不确定因素,或者突发事件,在不能有完全把握及时处理的情况下,以及出于对乘客的保护,可以运用模糊语言进行提醒、暗示。

【思考题】

1.请举例说明模糊语言在客舱服务中的典型运用。

2.请简述模糊语言的主要作用。

任务三 灵活使用拒绝表达

一、客舱服务常用的拒绝表达形式

(一)拒绝表达语句的构成要素

拒绝是对表达请求、邀请、提供等的话语或行为的回应,与接受相比,拒绝更倾向于是会话中不被对方(被拒绝者)期待的部分。客舱服务的沟通言语环境与日常交流言语环境差异较大,从乘务员努力为旅客提供满意服务的角度出发,拒绝无论是在采用的表达形式,或是其背后所体现出的语篇策略上都表现出极大的差异,并且由于客舱服务本身所具有的特点,也使得制约这些拒绝的非言语因素与日常会话相比具有自己的一些特点。

以往的研究一般将汉语日常会话中的拒绝看作一类言语行为,并将其分为三个部分,包括中心行为语、辅助行为语和修饰语。其中,中心行为语指主要实现拒绝言语行为的部分,包括直接拒绝(如"不需要""不可以")和单独出现的间接拒绝(如"我还有事呢""以后再说吧"等委婉表示拒绝的形式);辅助行为语的功能是出现在中心行为语的前后,用以加强或弱化拒绝的语力,如表示感谢的词汇、重复对方的请求、与直接拒绝共现的间接拒绝等(如"谢谢您的邀请,但是家里有点急事,我就先回去了");修饰语则用以修饰中心行为语和辅助言语行为,如称呼语、表示程度的副词等。可以说,汉语日常会话中拒绝表达形式的研究涉及语音、词汇、句法形式等多个层面的讨论。以往的研究成果为深入分析客舱服务这一具体沟通环境下的拒绝表达奠定了理论和现实基础。

(二)拒绝表达在客舱服务中的运用

空乘人员使用的拒绝虽然来源于日常会话,但是与日常会话相比,其运用的拒绝表达形式相对固定,即一般以表示道歉的话语以及称呼语开头,然后通过陈述句说明无法满足乘客的要求的客观情况,最后以问句、复句等形式给出承诺、可供替换的选项等。例如:

1.乘客:麻烦给我一份牛肉面,谢谢!

乘务员:女士对不起,牛肉饭恰巧发完了,今天配的鸡肉饭也十分美味,要不要尝尝?

2.乘客:麻烦给我一杯冰咖啡,谢谢!

乘务员:对不起,目前我的车上只有热咖啡,等我回服务舱为您加点冰块,可以吗?

总体来看,当空乘人员面对乘客时,往往倾向于将间接拒绝作为中心行为语,并运用一定的修饰语与之配合,出现辅助行为语的情况并不常见,并且在每个部分所使用的语言表达形式也有自己的选择倾向。

首先,在中心行为语方面,客舱服务中的拒绝倾向于采用中心行为语中的间接拒绝形式,而不用直接拒绝,如施加动词"拒绝"、含有第一人称的否定句等,或是否定主观意愿以及说明说话人主观能力不允许的情况,如"我没有……""我不可以……"等。即使是间接拒绝,也主要采用主语为第三人称的陈述句、附加问句、表示请求的祈使句、表示转折/假设/因果等的复句这些表达形式,而在日常交流会话中,会表示拒绝常用省略、反问、语气强烈的祈使句,为提高乘客服务质量,这类表达方式一般不会应用于客舱服务。

其次,与日常会话中的拒绝相比,客舱服务时的拒绝也较少使用辅助行为语。根据有关拒绝的研究成果,除了与直接拒绝同现的间接拒绝外,辅助行为语还主要包括表示感谢的成分、重复或部分重复对方请求的成分、表示肯定评价的成分,等等。这些成分主要用于加强或缓和拒绝的语力,但是本身一般都无法独立表示拒绝,一般也不出现在客舱服务的拒绝中。

再次,在修饰语的使用上,客舱服务中使用的拒绝表达在一开始常常出现表示道歉的词语(如"对不起""不好意思")和称呼语(如"先生""女士"),但一般不出现日常会话拒绝时常用的叹词(如"啊……""嗯……""哎……")、表示缓和的成分(如"你/您知道")等。在随后出现的中心行为语中,与日常会话中的拒绝一样,客舱服务中的拒绝也常应用表示缓和的词汇手段,如"请""请问";加强真实性的成分,如"确实""的确"等;强调时间的词汇,如"已经""一会儿"等;表示认同的副词,如"也";表示时间、空间限制的词汇,如"目前""现在""这儿"等。但是与日常会话中的拒绝不同的是,客舱服务时的拒绝较少出现日常拒绝时常用于凸显拒绝者真诚态度的第一人称指示代词、缓和肯定语气的模糊限制语(如"大概""可能""估计""据说")、表示主观意愿或认同的词汇或结构(如"尽量""一定""会""我想")等成分。此外,与日常间接拒绝时避免出现第二人称指示词语的情况不同,客舱服务中的拒绝常用"您"强调对乘客的尊敬,常见的还有"请您……"这类与缓和语连用的情况。

需要注意的是,客舱服务背景下的拒绝表达与日常会话中的拒绝表达是不同的推进方式,日常会话中拒绝表达结束后往往代表会话的结束,而在客舱服务的环境下则不同,乘务人员在作出拒绝表达同时,会开启另一轮的对话,例如:

3. 乘客:麻烦给我一杯橙汁,谢谢!

乘务员:对不起,橙汁没有了,请问苹果汁可以吗?

乘客:好。苹果汁也可以。

不难看出,在客舱服务的大背景下,像例对话1和对话2这样的情况往往不代表会话的结束,而是另一个会话的开始,乘客在此之后要么接受、要么拒绝的回应,如对话3,往往也会影响乘务员在拒绝时对具体表达形式的选择,这也可以进一步解释为什么客舱服务时的拒绝在词汇、句法表现上不同于日常会话时的拒绝。

(三)多话轮拒绝形式在客舱服务中的应用

此外,客舱服务时做出的拒绝可能并不是在乘客和乘务员的一个"引发—回应"毗邻对内实现的,即有些拒绝并不是由乘客和乘务员各自发出的一个话轮共同构建完成的,而是由多个话轮共同实现的。与日常会话相比,空乘服务中采用的多话轮拒绝形式也与日常会话不完全一致。日常会话中通过多个话轮完成的拒绝主要包括两种情况,即序列式的多话轮拒绝和内包式的多话轮拒绝。序列式的多话轮拒绝的形成实际上是由于对方(被拒绝者)的一再坚持,因此这类拒绝的每一毗邻对都可以拆开,看作是一个独立的表达拒绝的话对;内包式的多话轮拒绝主要通过在一个相邻对中添加插入语列实现,这些插入语列主要为拒绝提供前提或条件等背景信息。例如:

4. 王沪生:去吧!

刘慧芳:可是,今天我……

王沪生:那……下个礼拜?

刘慧芳:再说吧……   (序列式)

5. 李云芳:桌上有封信,你看看。

张大民:谁的信?

李云芳:徐万君的。他回来探亲,想到厂子里看看。

张大民:他的信我就不看了吧? 他是我情敌呀。   (内包式)

上述两类由多话轮完成的拒绝表达形式在客舱服务拒绝中的出现概率不同。一般来说,序列式的多话轮拒绝更为常见,这是通过乘客与乘务员的反复沟通,最终完成的拒绝。这类拒绝表达形式虽然可以拆为多个毗邻对,但是综合来看往往反映了拒绝在对话

中的推进模式,对于全面梳理客舱服务中的拒绝具有重要意义。例如:

6.乘客:来一杯橙汁,谢谢!

乘务员:对不起,橙汁没有了,请问咖啡可以吗?

乘客:那还是来杯牛奶吧。

乘务员:对不起,牛奶现在也没有了,马上给您送过来,请稍等。

二、拒绝表达在客舱服务中的语言策略

(一)拒绝表达的一般语言策略

选择何种表达形式进行拒绝实际体现了不同的语用策略。汉语拒绝表达常见的语用策略包括直接说"不"、回避、转移请求者的注意力、推迟、批评教育、假同意、建议、暗示、开玩笑、模糊表达、客观情况说明、主观意愿阐释等,其中除了直接说"不"这一语用策略外,基本都可以归入间接拒绝。受行业特点制约,客舱服务时应用的拒绝一般不采用直接说"不"这一语用策略,而主要采用间接拒绝的语用策略,并且在间接拒绝策略的选择上也有一定的倾向性。总体来看,乘务员使用的相对固定的拒绝表达形式也体现了趋同的语用策略,即通过"道歉(+称呼语)+客观理由说明+提供其他选择/给出承诺"这一相对固定的语用策略组合,努力将乘客不期待的拒绝回应以礼貌的形式表达出来,尽量减少乘客因拒绝而产生的负面情绪。

"对不起"等道歉语主要用于缓和拒绝的语气,并给乘客一个心理上的缓冲,准备面对接下来可能出现的与自身期待不符的回应,即被拒绝的情况,这实际上体现的是对礼貌的需求。不过与日常会话可以仅用道歉语进行拒绝的情况不同,客舱服务中出现的拒绝虽然基本上以道歉语开始,但是其后通常都需要其他体现间接拒绝语用策略的成分,因此可以说,就客舱服务这一具体情景来看,仅用道歉语的拒绝并不是一个常见或默认的选项。同时,为了显得更加礼貌,道歉语后还常用表示尊敬的称呼语。

与日常会话中的拒绝相比,客舱服务采用的拒绝语用策略相对单一,主要以客观事实说明为主,通过说明强调现实情况的不允许尽量降低拒绝本身对乘客造成的消极影响;并且随后通过提建议或给出承诺的方式进一步给出可供替换乘客原来要求的其他选项,从而进一步缓和因拒绝给乘客带来的不满或不适情绪,使拒绝显得更加委婉。同时,给出建议或作出承诺的内容本身还能体现转移乘客注意力、推迟、回避等语用策略。不过,可以预想的是,主要体现乘务员主观意愿的解释通常不会出现在这类拒绝中,因此主观意愿阐释策略,体现说话者不确定或预估的模糊表达策略、批评教育策略等语用策略

通常并不是这些常用的。

此外,需要指出的是,不同类型的拒绝往往也体现了不同的语用策略。拒绝可以被划分为多种类型,比如:客观拒绝、主观拒绝、间接拒绝、直接拒绝、强制性拒绝、真诚拒绝和虚假拒绝等。不同类型的拒绝表达都有不同的特点,在不同的情境下都有其重要的作用。依据上述这些拒绝的分类,客舱服务中出现的拒绝通常为基于事实的客观拒绝,且相对委婉的、带有诚意的间接拒绝,并不存在通过虚假拒绝或是先拒绝后接受的语用策略来凸显礼貌的情况。客舱服务中的这些拒绝在归类上的特点也解释了为什么这类拒绝倾向于采用客观事实说明、给出建议、承诺、转移对方注意力、回避等语用策略。

(二)拒绝表达在客舱服务中的语言策略

基于行业特点,客舱服务中表达拒绝的语言策略可以总结为以下几点:

(1)委婉拒绝:乘务员可以通过使用委婉的言语,如"不好意思""抱歉"等来表达拒绝,以减少对乘客的冒犯。

(2)解释原因:乘务员可通过说明真实、客观情况来表达拒绝,例如因为安全原因,航空公司的政策、法律法规要求等。

(3)提供替代方案:乘务员在开始拒绝对话时,可以提供其他可行的替代方案,例如更换座位、提供其他食物等,以回应乘客的要求并满足其需求。

(4)询问需求:乘务员可以询问乘客的需求,以帮助乘客更好地得到服务,同时也能够在必要时拒绝一些不符合公司规定或无法提供的服务。

(5)短暂推迟:乘务员可以短暂推迟一些服务的提供,以处理其他需要紧急处理的事情。

(6)以礼相待:在不得不表示拒绝,且没有替代方案时,乘务员可以使用礼貌、真诚的语言,让乘客感受到被尊重,同时也更容易理解乘务员处境,然后接受拒绝。特殊情况下,乘务员可以坚定而有礼地拒绝乘客的要求,让乘客知道拒绝的决定是基于权威和公司规定的。

(7)建议寻求其他途径:在无法提供乘客所期望的服务时,乘务员可以建议乘客寻求其他途径以满足他们的需求,例如联系地面服务人员等。

(8)接受反馈:在涉及新的服务需求且无法满足时,乘务员可以接受乘客的反馈,保留乘客的意见和建议,并表示感谢,以表达对乘客的尊重和关注。

(9)在适当的时候提供补偿:在必要的时候,乘务员可以提供适当的补偿,以帮助乘客得到满意的服务。

三、影响拒绝的非言语因素

日常会话中拒绝可能受会话双方社会地位、社会距离、年龄、性别、引发行为涉及内容的难易程度等诸多因素的影响,然而在空乘客舱服务的背景下,上述这些非言语因素并不是同等地发挥作用,并且与日常会话中的拒绝表现出明显的不同。

首先,受客舱服务的环境制约,拒绝主要发生在乘务员和乘客之间,双方的社会地位不对等,乘客作为接受服务的一方,在当下的环境中地位明显高于乘务员。

其次,双方的社会距离相对也是固定的,即双方基本上都是第一次见面,社会距离相对较远。客舱服务中的拒绝对应的引发行为主要涉及需要乘务员提供服务、物品的内容,与日常会话中的拒绝相比,其内容和表达方式相对来说也是比较固定的。

总的来看,上述这些非言语因素的特点对于客舱服务的拒绝表达的影响是非常显著的,正是客舱服务自身的特点决定了在其中使用的拒绝的表达形式相对固定,其体现的语用策略也趋同,同时也是由于在社会地位、社会距离、引发行为涉及内容等方面表现出的这些特点使得年龄、性别等因素在此类情景拒绝中的影响不像上述这些非言语因素那么明显,因为社会地位、社会距离等因素已经决定了通常情况下在面对所有乘客时,乘务员都需要尽量采取委婉礼貌的表达方式。

四、相关会话能力的培养

(一)客舱服务中拒绝表达的特点

拒绝本身是不被乘客所期待的一类表达,基于客舱服务的特点,拒绝更考验乘务员的沟通能力、言语技巧,需要乘务员在客舱服务的过程中多加注意,尽量以委婉、缓和的语气以及乘客能够接受的方式表达拒绝,避免乘客产生不良情绪。要达到良好的拒绝效果,乘务员需要加强沟通技巧和言语表达的专业培训,提升自我言语沟通表达能力和服务技能。

与日常会话相比,空乘客舱服务中的拒绝在表达形式和语用策略上表现出趋同的特点,因此在培训相关技能时可以采用"语篇补全测试"的方式,即设计可能应用拒绝的情景语境,然后调查分析这些情境中可能出现的拒绝形式,并通过总结分析这些形式得出合理有效的表达模式以提高乘务员在类似情景中的应对能力。与常规情景中的拒绝相比,紧急情况下的拒绝表现可能更为多样,体现的语用策略也不尽相同,预测难度更大,但对于客舱服务常规情况下拒绝的分析以及言语沟通能力技巧的培养能够帮助乘务员培养提高在紧急情况下做出合理有效应对的能力。

(二)乘务员拒绝表达的培养方式

要培训乘务员的拒绝表达的言语沟通能力,可以采取以下方法。

(1)情景模拟培训:在培训中模拟各种情况,如乘客提出不合理的要求、投诉等,帮助乘务员学会应对策略。

(2)角色扮演:让乘务员分别扮演服务人员和顾客的角色,进行互动,从而锻炼表达拒绝的能力。

(3)培训材料:提供相关的培训材料,如案例分析、教学视频等,让乘务员了解如何处理各种情况。

(4)讲解原则和技巧:讲解乘务员应该遵循的原则,例如客户至上、尊重客户等,同时也介绍一些实用的技巧和方法,如礼貌拒绝、替代方案等。

(5)经验分享:邀请有经验的乘务员进行经验分享,让新员工从老员工的实际操作中获得启示和指导。

【思考题】

1.客舱服务常用的拒绝表达形式有哪些?

2.拒绝表达在客舱服务中的语言策略有哪些?

>>> >>> 模块七

民航服务沟通技巧
案例评析

学习目标

知识目标：了解案例中的沟通要点，掌握不同情景、不同服务对象的沟通技巧。

能力目标：根据所学的知识要点，能够在民航服务过程中选择并使用正确的沟通方式。

素质目标：在二十大精神的指引下，树立安全至上、真情服务的意识，理解民航服务的本质与意义。

思维导图

真诚沟通，提升服务品质
- 与孕妇旅客沟通
- 与儿童旅客沟通
- 与老年旅客沟通
- 与病残旅客沟通

恰当沟通，化解客舱冲突
- 与情绪异常旅客沟通
- 航班延误问题的沟通
- 正确处理民航旅客冲突

有效沟通，实现和谐飞行
- 紧急医疗救助的沟通
- 团队上行沟通技巧
- 团队下行沟通技巧
- 不同团队间的沟通技巧

特情沟通，诠释民航精神
- 应急事件发生时的责任担当
- 重大卫生事件的沟通
- 重大安全事件的沟通
- 故意扰乱客舱秩序的沟通

引言

　　客舱服务与管理是一项要求乘务员政治素养高、专业技能好、责任心强、应变能力佳的工作。乘务员在飞行过程中,不仅要提供春风拂面般的细致服务,还要机智巧妙地应对各类突发事件,其中不免包含特殊旅客的照顾、危急事件的处置、冲突矛盾的化解等。通过对民航服务沟通案例的学习,可以从案例中找到前面所学的理论知识在实际工作上的操作点,也可以看到良好的沟通方式能够为航班的顺利飞行提供保障。

　　因此,本模块中,通过对近年来的一些民航真实案例进行评析,从事件的本身出发,展示各类状况产生的原因,沟通的方式,处置的结果,旅客的反应等,直观地了解案例中的服务场景、服务语言、服务态度,把矛盾消除在产生矛盾之前,提高客舱服务的质量。

　　面对成千上万的乘客,乘务员的工作是复杂且琐碎的。分析案例,其实就是让我们身临其境,感受沟通背后的力量,汲取有益于提升自身语言能力的方法,引发对客舱服务工作的思考和共鸣。

　　学习永无止境,对案例的学习也必然成为了我们全面了解乘务工作的一个板块。接下来,我们将从四个任务类型进行案例评析。

任务一　真诚沟通,提升服务品质

　　在现代社会中,服务质量已成为一个企业或组织能否成功的关键因素之一。特别是在航空服务业,由于旅客的特殊性和服务体验的重要性,服务质量更是成为了竞争的核心。在提高服务质量的过程中,真诚沟通是至关重要的。真诚沟通是指员工以真诚、耐心和专业的态度,与旅客进行有效沟通,了解旅客需求和意见,及时解决问题,提高服务品质。真诚沟通不仅能增强员工与旅客的互动和信任,还可以帮助航空公司树立良好的品牌形象,提高旅客的满意度和忠诚度,促进航空公司的可持续发展。

　　然而,部分航空公司在实际操作中还存在一些问题。一些员工在面对一些需要关怀的旅客时,缺乏真诚和耐心,甚至表现出不友善的态度,给旅客留下不良印象。此外,由于旅客需求的多样化和复杂性,员工需要掌握各种技巧和方法,才能更好地进行真诚沟

通。因此,航空公司需要重视员工的沟通技能培训,提高员工的专业水平和服务品质。通过提供多种形式的沟通技巧培训,如如何倾听、如何解决问题、如何表达等,员工能够更加准确地理解旅客需求和意见,更加自信和专业地处理问题,提高服务品质和满意度。

在本任务中,我们将探讨一些真诚沟通的案例,包括面对不同类型旅客的情况下,如何进行真诚沟通,如何化解矛盾和提升服务品质。通过这些案例的分析和总结,我们可以更好地认识真诚沟通的重要性,并为航空公司提供有益的参考和建议,提高服务品质和竞争力。

案例1-1

阳春三月,万物复苏,随着气候的逐渐转暖,航班也恢复了往常的忙碌。2021年2月24日这天,海南航空乘务员小潘,经历了一次难忘的飞行,过程虽然坎坷,但她与组员们最终平安顺利地把孕妇旅客送达目的地。

当天,三亚的天气有些闷热,这趟前往上海的航班上,小潘正以饱满的热情,迎接着每一位旅客。无意间她看到一位女士面色憔悴,呼吸急促,于是主动上前询问。女士低声回答道:"没有什么大碍,就是怀孕了一直想吐,你们有袋子吗?"小潘微笑地点了点头,立即回到服务间拿来了清洁袋,又倒了一杯温热的柠檬水,希望可以缓解她的不适。考虑到长途旅行易劳累,小潘去前舱拿来了枕头,走到女士身边,弯下腰亲切地说道:"这是袋子和柠檬水,您还可以把枕头垫在后背,这样能舒服一些。今天飞行时间是两小时三十分钟,有任何需要您都可以随时告诉我们。"说完,女士脸上紧张的情绪逐渐舒展,身体慢慢地放松了下来,小潘转身也将女士的特殊情况通知到了其他组员。

很快,到了餐饮阶段,客舱里弥漫着餐食的味道,这对本就不太舒服的孕妇来说可是个不小的挑战,气味渐浓,孕妇旅客会更加敏感,孕吐的反应也随之更加强烈。这时,小潘一直陪在女士身边,一手轻拍着她的背,一手拿着袋子接着女士的呕吐物,一遍又一遍地为她更换袋子,同时擦拭她弄脏的衣服,全然忘记自己一直蹲着的双腿已经麻木。旅客仍然很虚弱,小潘在保障飞行安全的前提下,为女士调节了一整排座位,方便她躺着休息。

航程过半,女士的情况有所好转,小潘从与她的交谈中得知,后续她还要转乘其他航班。小潘心想:女士身体虚弱,又是独自乘机,而且还拿着那么多行李,恐怕身体吃不消。于是,小潘立即将此事汇报给当班乘务长,在征得女士同意后为其申请了一台轮椅。舱门一打开,浦东机场工作人员已推着轮椅在舱门口等候。小潘和其他组员帮女士整理好行李,扶着女士坐上了轮椅,微笑地与她挥手告别。旅客深情地说:"今天给你们添麻烦了,我没想到的你们都替我提前办好了,真的太感谢了!"小潘回答:"您太客气了,这都是我们应该做的,照顾好自己和宝宝,期待下次再见。"

在小潘真诚的关怀和服务下,这位女士一路顺遂地抵达了目的地。虽然这次服务只是众多航班中最常见的一幕,但在小潘看来,航班中所有的事情都是由一件件小事汇聚而成,从迎客时的微笑问好,到协助旅客放置行李,到航程中为旅客服务的点点滴滴,以及最后目送每位旅客离开……然而只有精益求精地做好这些小事,才能成就更优质的服务。不论寒冬酷暑,真情服务总能带给旅客阳春三月般的温暖。

（资料来源:http://news.carnoc.com）

【案例评析】

这个案例展示了乘务员在面对孕妇旅客时,通过真诚的沟通和关心,提供了贴心的服务,帮助孕妇解决了在飞行过程中面临的一系列问题,为她带来了愉快的旅行体验。首先,乘务员在旅客登机时对孕妇的情况进行了及时的观察和了解,并预见到在飞行过程中,孕妇可能遇到腰酸背痛等不适症状,乘务员第一时间出现并提供了枕头和柠檬水等帮助,展现了敏锐的观察力和细致的服务。同时提醒其他组员注意这一特殊情况,体现了对旅客的关心和关注。其次,在发现孕妇呕吐后耐心地陪伴在她的身边,不厌其烦地更换袋子,不辞辛劳地擦拭衣物,体现了其事无巨细的真诚服务态度。此外,还通过沟通了解到她们的特殊需求和状况,如独自乘机、身体虚弱、行李多等,于是帮她申请轮椅、完成行李转运等,帮助旅客解决问题和获得更好的旅行体验,也是提升航空服务质量和乘客满意度的重要因素。

【沟通要点】

由于高空中空气氧气含量较少、气压降低,可能对孕妇及胎儿身体造成一定影响,因此在乘机过程中需要给予细心周到的服务,要求乘务员时刻保持微笑,让孕妇旅客能够放松身心。乘务员在进行舱内服务时,应仔细观察客舱内乘客,若发现有乘客状态不佳时,应该主动询问,了解她们的特殊需求和状况,认真倾听旅客的需求和诉求,尊重和理解她们的立场和情感。并通过提问和建议等方式,了解旅客的需求和偏好,以便提供更加个性化和优质的服务。同时要积极关注旅客的身体和情感状态,提供必要的帮助和照顾,为旅客提供舒适和温暖的旅途体验,增强旅客的信任和满意度。

【实训案例】

2015年国庆期间,厦门航空的乘务人员小甘在执行从厦门飞往成都的航班时,发现机上有一位只身出行的孕妇脸色惨白,呕吐不止,她赶紧为孕妇旅客倒了一杯温水,送去温热的毛巾。可是,旅客的额头依然不断冒汗,手背冰凉,人几乎要晕厥过去。小甘立马通过广播,在客舱中寻找医生,然而并没有得到回应。时间宝贵,容不得一刻耽搁,她运用平时培训中学到的医疗知识,组织乘务组为旅客吸氧,帮助旅客调整呼吸。小甘则蹲在孕妇旅客旁边,紧握着她的手,鼓励她不要害怕,一直陪伴到飞机降落。当等候在地面的救护车载着旅客离开后,小甘才发觉,自己的制服已经完全湿透。几个月后,小甘收到了一条消息,照片上是那位女士和她可爱的小宝宝。短信里写道:"亲爱的厦航乘务长,我的宝宝已经平安出生了,她是一个小女孩,感谢你温暖的手,给予了我莫大的帮助。希望宝宝能和你一样美丽善良,期待我们一家下次回厦门时,能再乘坐你的航班。谢谢你!"

【思考题】

1.上述案例中,哪些地方体现了民航服务人员与旅客沟通的真诚?

2.在机上有没有什么小妙招能够体现对孕妇旅客的人文关怀呢?

3.如果你当时在机上,在服务该旅客时,你会注意哪些方面?

案例1-2

2020年8月,海南航空HU7785航班由长沙飞往哈尔滨,乘务长航前准备时查询到当段航班有8名普通儿童旅客,根据儿童旅客的出行特点提前对乘务员进行部署安排。儿童旅客登机后,乘务组向小旅客及家长们介绍了飞机机型、航路天气、目的地气温,认真讲解乘机注意事项,主动提供毛毯、饮料食品,适宜调节小旅客就座区域的客舱温度,并和小旅客讲故事互动,缓解小旅客们的紧张情绪。下机时,小旅客们纷纷向乘务组热情挥手道别。

【案例评析】

此案例展现了海南航空乘务员通过与儿童旅客进行了良好的沟通,从而让孩子在飞行过程中感受到了关怀和安全。这个案例中的乘务长具有很高的职业素养和责任心,她不仅在飞行前主动了解到当次航班有儿童旅客的情况,并作出适当部署为他们提供了相应帮助和照顾。在登机后主动向儿童和家长介绍了乘机的注意事项,并通过讲故事的方法来缓解孩子们的紧张情绪的情况。这种真诚、专业和关怀的态度,可以塑造航空公司的优秀品牌形象,将会让更多的乘客选择乘坐这家航空公司。

【沟通要点】

儿童旅客在航空旅程中若有父母或亲人的陪伴,一般不需要特别关照,民航服务人员只需按照家长的要求为其提供服务即可,但对于年龄较小的儿童,服务人员应给予适当的关注。在航程中注意观察幼儿是否有不适应、不舒服的感觉,必要时为家长和幼儿提供帮助。单独乘机旅行的无陪儿童,往往会缺乏安全感,容易感到孤独、无助和恐慌。无陪儿童通常无法独自完成乘机的各项手续和流程,因此需要民航服务人员全程陪伴和帮助,以确保无陪儿童的安全。在和无陪儿童沟通时,民航服务人员更要注重倾听,从而了解其真实需求,使服务更加到位。当在飞机上遇到调皮捣蛋的儿童旅客时,民航服务人员应避免用批评的语气去否定和制止其行为。因为儿童的是非观和思想还未成熟,粗暴的制止不但起不到效果,反而可能引起他们的反抗,从而加剧矛盾,引发冲突。将训斥变成赞美和肯定,在言语中加入对儿童旅客的期望和赞赏,从而引导他们自觉做出正确的行为。儿童旅客活泼好动、思维跳跃、想法多变,而且年龄较小的儿童旅客语言表达能力较差,还可能存在发音不标准、语言组织混乱的情况。在与儿童旅客沟通的过程中,民航服务人员要保持耐心温柔、和蔼地与其对话,同时注意面带微笑,眼神温柔,语气亲切,多用语气词,从而使其在感情上产生某种错觉,以为是和熟悉的人在一起,减少不安的情绪。

【实训案例】

8月23日10:55分,CA4560珠海至重庆航班。由于正值暑期结束前夕的周末,回渝旅客人数大幅增加,航班满客,其中有14名无陪儿童需要从珠海飞回重庆,这是小刘乘务组在7、8月份航班飞行期间,遇到的最多一次无人陪伴儿童航班任务。

珠海到重庆的飞行时间只有一个小时五十分钟,这给14名无人陪伴儿童的服务工作带来不小的困难。为确保让这些无人陪伴小旅客的服务工作万无一失,乘务组在小旅客珠海登机前仔细核对了三次名单;乘务长小刘在无陪儿童办好手续后,安排专门的乘务员把无陪儿童一个一个带到登机牌指定的座位上,帮他们系好安全带,把随身携带的行李安放置好;耐心给他们讲解怎样系安全带及呼唤铃、洗手间的位置。因为一个航班中有14名无人陪伴儿童,不能集中安排在前面座位上,细心的乘务长小刘还特意走到客舱里,委托那些挨着无人陪伴儿童的旅客,希望他们帮忙照看一下,有什么需要及时帮助他们按呼唤铃。

　　细心的小刘在小旅客刚一登机时,便让组员为他们每人提前发放一床毛毯,因为她担心客舱的温度过低,小旅客穿得又很少,容易感冒。在整个航班飞行中,小刘和组员几次往返客舱中间,留心查看无人陪伴儿童的情况。帮助睡着的小旅客盖上毛毯,为小旅客调整座位上方的通风口,不让它直接对着小旅客吹风。乘务员小尹还特意想尽办法逗孩子们开心,因为她通过询问,得知一半以上的孩子都是第一次的无人陪伴乘机,又兴奋又有点紧张。于是在发水发餐时,小尹特意注意活跃客舱气氛,转移无人陪伴的小旅客的注意力,缓解他们航班中的不适。有一名无陪小旅客想要一杯雪碧时,小尹逗她开心地说:只要你喝得下去,姐姐送你十杯怎么样。逗得旁边座位上的另一位无陪儿童马上回应道:姐姐,我也要十杯。小刘和小尹还对一个羞涩胆小的无人陪伴小旅客进行夸赞:你真棒,姐姐像你这么大的时候,可不敢一个人出门,你爸爸妈妈肯定很骄傲。一句话夸得小旅客开心地笑起来,也勇敢大方起来。小尹除了自己与他们交流外,还想办法鼓励让旁边的旅客与无陪小旅客互动,协助乘务组一起来照顾这些第一次独自出行的小旅客。在飞机下降前,年龄较小的无人陪伴儿童提出想上洗手间,区域乘务长小牟立即把他带到后舱,帮助他打开卫生间门,先仔细教给他如何开关厕所门,然后站在厕所门口等着他出来,再把他领回座位坐好,帮助他系好安全带。

　　12:48分,航班在重庆落地前,乘务长小刘告诉无陪小旅客最后下机,因为她考虑到几个小旅客还有行李要拿取,按照平时交接惯例,只有一个地面工作人员来交接,可能无法一次全部将行李带下去,于是她主动和地面工作人员进行沟通,提出安排两名工作人员来接管无人陪伴小旅客。看着14位小旅客在两名地面工作人员的带领下,开心地走出飞机时,和小刘以及组员真诚地说着再见时,小刘和所有组员这一刻觉得服务别人真的是一件幸福的事。

【思考题】

1.乘务组员是如何拉近与儿童旅客的距离的?

2.如何正确赞美不同性格的孩子?

3.如果你是该乘务员,你会如何与这些儿童旅客沟通?

案例1-3

　　近日,上航FM9229由青岛飞往鸡西的航班接到了特殊旅客运输的信息,该航段涉及四名老年轮椅旅客。

地服人员们推着轮椅优先将轮椅旅客送到了机舱门口,乘务长发现这四位轮椅旅客的年纪都很大,而且他们的陪同人员也全部都是老年旅客。由于轮椅无法进入客舱,老人们在乘务员和家属的帮助下在客舱内缓慢行动,但仍举步维艰。其中有一位老大爷半身不遂,身体右侧肢体在不断的颤抖,乘务员小彭搀扶着老人走在狭窄的过道上,嘴里还不时口头提醒和安抚道:"大爷,别着急,慢慢来,小心脚下。"将老人带到座位后又为其安放好行李物品,其他乘务员则将提前准备好的毛毯分别送到四位轮椅旅客手中,叮嘱老人注意腹部及膝盖部位保暖,并告知老人最近的洗手间位置和客舱服务呼唤铃的使用方法,如有需要帮助的地方请互换乘务员来协助,乘务组很乐意提供帮助。

航程中,乘务员每一次巡视客舱路过老人们身边,都会特别关心一下轮椅旅客的身体状态:是否需要使用洗手间,空调温度冷不冷,还要不要加点热茶……飞机即将开始下降时,乘务长再次来到每位轮椅旅客的身边,提醒落地后要原位等待乘务员过来帮助引导他们下机,同时再次提醒并帮助核对每位特殊旅客的随身行李件数和存放位置。

中午11点54分,航班平稳地降落在鸡西兴凯湖机场,舱门打开后乘务组引导其他旅客先下机,轮椅旅客最后下机交接给地服工作人员。乘务员小彭俯下身,为老人将腿抬起,并将轮椅脚踏板打开,再将老人的脚慢慢放在踏板上,帮助他们调整到舒服、安全的坐姿。乘务员们纷纷在机门口向轮椅老人们挥手道别,几位老年旅客双手放在胸前,不断对乘务员说着:"谢谢,谢谢你们。"这一声声的"谢谢"是对乘务组工作的最大肯定。

（资料来源:http://news.carnoc.com）

【案例评析】

本案例中的乘务员表现出了优良的职业素养,十分了解老年旅客的群体特征和服务需求。乘务人员在确认有老年轮椅旅客时,知晓老年旅客由于年迈体衰,在长距离行走时容易体力不支,需要工作人员提供轮椅代步或小心搀扶,表现出了热情友好的态度;由于老人对乘机流程和环境不熟悉,在整个乘机过程中给予了细心的指导,同时也给老年人营造了轻松愉快的氛围,让旅客感受到舒适和温暖。巡视客舱时,特别关心轮椅旅客的身体状态,表现出了一种细心周到、热情友好、耐心细致和贴心关怀的服务态度,因此最后获得了轮椅旅客的认可。

【沟通要点】

在民航服务中,老年旅客通常是指那些年迈体弱,虽然并未患病,但在航空旅行中显然需要他人帮助的旅客。来自西方国家的老年旅客一般不愿意接受特殊的关照,若给予他们过多的帮助,反而会让他们认为这是轻视他们的表现。因此,民航服务人员在为其服务时,应特别注意服务的态度和提供帮助的时机。首先,对于老年旅客而言,特别是初次乘坐飞机、独自乘坐飞机或不经常乘坐飞机的老年旅客,乘坐飞机出行是一个巨大的挑战。从进入机场的那一刻起,他们就可能会产生极大的不安和焦虑之感。因此,民航服务人员应以更加热情的问候和真诚的态度服务老年旅客。当他们遇到问题时,应做到耐心解释、热心帮助,以缓解老年旅客出行过程中的焦虑感。其次由于听力、视力下降,老年旅客对信息的接收能力较差,很可能会遇到看不清机场标识、听不清机场广播的情况。同时,由于跟不上时代的步伐,许多老年人不了解机场设施,也不会使用智能设备,无法通过机场的电子化设施或智能手机自主获取信息。这些因素都会引发或加重老年旅客的自卑感与焦虑感。因此,民航服务人员在各服务流程中,需要主动为其提供帮助,耐心地讲解航班信息乘机流程、服务设备的位置和使用方法等。最后,在老年旅客的服务沟通中,民航服务人员还要特别注意他们的身体状况和心理状态。在客舱服务中,要多关照老年旅客,多询问他们的需求并及时给予帮助。用温暖、亲切的沟通缓解他们的焦虑感和孤独感。

【实训案例】

2018年10月16日消息:近年来,随着航空出行变得更加方便和快捷,选择航空出行的旅客日益增多,其中不乏许多老年旅客。如何为老年旅客营造更加优质的出行服务,成为航空公司不断思考的问题。金鹏航空积极践行"真情服务"理念,从服务理念到产品设计,着眼于旅途中的细节,为老年旅客增添多一度的关怀,温暖随行。

2018年3月,金鹏航空乌鲁木齐至郑州的航班上,在旅客登机时地面工作人员交接一名83岁的年长无陪旅客,老人听力不好,需要乘务组给予关照。在与老人的沟通中,乘务员需要克服飞机上的噪声,慢声、大声与老人交流,但仍然会有沟通不畅的情况。

面对这种特殊情况,乘务长尝试着与老人沟通,凭借着自己的经验,老人与他的沟通交流变得顺利。乘务长也吩咐乘务组的其他成员,如果老人有任何需求及时通知他。餐饮服务结束后,老人表示要去洗手间,乘务长主动带领。看见许久老人未出洗手间,他便进去查看,发现老人在整理衣物。由于穿着较多,动身不方便,乘务长便帮忙整理,并一路搀扶着老人走出座位。这一暖心的举动则被网友记录下来,发布在社交媒体中,并为他点赞。

"从乘务员的岗前培训开始,我们一直开展针对老年旅客等特殊旅客的服务培训,也始终贯穿着高标准的服务理念。每一个人都会在实际过程中不断积累,凭借经验从中总结出一套自己的服务经验。"对该乘务长来说,对每位旅客负责,让每位旅客在飞行中感受到温暖,就是他工作的原则和目标。

(资料来源:http://news.carnoc.com)

【思考题】

1.在为老年旅客提供服务时我们应该注意哪些方面?

2.本案例中的服务沟通过程如何彰显"服务温度"?

3.如果你是该乘务员,你会如何服务?

案例1-4

2022年11月25日消息:无人陪伴通过轮椅出行也能坐飞机吗?11月21日,东航广东分公司就保障了这样一名旅客。

21日中午,正在做过站准备的广东分公司乘务长小韩接到通知,她即将执飞的MU5737(昆明—广州)航班有一名无人陪伴的轮椅旅客,收到消息后,她立即组织乘务组就服务保障工作做好分配,并提醒安全服务注意事项。

14时10分,地服工作人员将轮椅旅客推至登机口。小韩发现该旅客双腿萎缩完全不能站立行走,于是立刻上前,在乘务员小商、小李的协助下,用双臂紧紧环绕抱紧旅客,轻轻地将旅客从通用轮椅抱至客舱窄体轮椅,在将旅客平稳推至客舱前排宽敞座位旁后,小韩再次小心翼翼地将旅客抱至座位,帮助旅客调整好坐姿及双腿的位置。

旅客入座后,乘务组为旅客做了单独的安全服务介绍,详细地为旅客讲解乘机注意事项。为确保到达站停靠远机位时旅客能够正常下机,小韩在"空地协同工作群"内与地服人员就旅客身体情况进行了沟通,提醒地服工作人员准备升降车及客舱轮椅。

飞机起飞后,乘务组轮流观察旅客状态,为旅客调整坐姿、添加热水、拿取个人用品。飞机落地后,乘务组立即确认好旅客下机升降车和轮椅的到位情况,提前为旅客取下行李,地服工作人员在将轮椅送达后,乘务组再次合力将旅客从座位平稳抱至客舱轮椅,帮助旅客离开飞机。

"没想到独自出门乘机能得到如此周到的照顾,之前的诸多担心都是多余的,感谢你们,你们辛苦了。"下飞机前,旅客拉着小韩的手,对乘务组的细心服务表达了自己的称赞与认可。

【案例评析】

病残旅客是指由于身体或者精神上的病态或缺陷,在上下飞机、飞机飞行途中,需要他人予以单独照料或帮助的旅客。本案例中的乘务员在发现机上有无人陪伴的轮椅旅客时,表现出了高度的责任意识。乘务员付真心与旅客,寓真情于服务,在发现轮椅旅客孤身一人乘机时,立即上前问询了解情况后,联系相关服务人员为其申请特殊旅客保障服务。相关服务人员协同配合,服务周到,让旅客从地面到空中全程体验到温暖、专业的服务,并且赢得了旅客的肯定和感激。

【沟通要点】

病残旅客患病的部位不同,有些一眼就能看出来,如四肢不健全的旅客,客舱服务人员应立即提供帮助。但有些病残旅客不易识别,而且有些旅客也不愿意被别人发现自己的残疾,如聋哑旅客,这就对服务工作提出了更高的要求。首先,乘务人员在工作中应用心观察,仔细揣摩和分析旅客的需求。对于不能用语言表达的旅客,民航服务人员要能迅速反应,不动声色地为其提供细致周到的服务,切忌歧视、嘲笑甚至模仿病残旅客。其次,在服务病残旅客时,民航服务人员一定要真诚,透过眼神、肢体动作等传递关心和爱护,从而拉近彼此的距离,为进一步的服务沟通做好铺垫。最后,病残旅客通常既敏感自卑又自尊好强,民航服务人员在与其沟通时,应注意语言得当,态度适宜,尽量避免"说者无意,听者有心"情况的发生。帮助病残旅客时要注意方式方法,对于他们自己能做的事情要让他们自己做,避免伤害其自尊;提供帮助之前,要先征得他们的同意,充分尊重他们的意愿;提供帮助时,要以正常的心态和平等的态度对待,避免过分热切,让对方感到不适。

【实训案例】

全国第九届残运会暨第六届特殊奥林匹克运动会第四阶段赛事在成都举办,9月10日,国航浙江分公司CA1741和CA4520航班迎来了71名残运会代表。

其中,CA1741航班上有38名代表,由于起飞时间较早,国航浙江分公司地面服务部提前一天为他们办理了值机以及托运手续,并将行李寄存到货运仓库。地服部还提前与安检做好沟通,为抵达机场的代表开通专门通道,让他们快速地通过安检,并将登机口安排在了离安检通道最近的B11登机口,方便他们登机。

上午8点20分，负责保障工作的地服部"禾沐"组开设两个专门的值机柜台，为CA4520航班代表办理值机手续，给他们的托运行李系上特殊的标识、优先条件，并做好特殊旅客信息记录。整个代表团共33人，其中有登机轮椅6人，机上轮椅1人，盲人旅客14人，聋哑旅客、智力残障旅客以及轻度肢体残障旅客各1人。主管小蒋仔细与代表团领队核对成员信息，并认真细致地将乘机注意事项与乘机流程告知。值机员们在一边反复清点核对需要托运的行李，以保证后续服务更加便捷、顺畅。

　　在结束值机环节与行李托运后，小蒋根据特殊旅客保障信息与服务室"祥云"班组主管小葛进行交接，准备好残疾旅客服务设施以及设备，一同引领代表团至特殊安检通道进行安检。在登机口候机区，服务员们为代表团送上了矿泉水，让他们在休息区安心等候。待航班登机后，服务员们小心地护送代表登机，并为他们的7个轮椅办理了补托运，拴挂特殊标识。外场监装监卸员则再次仔细核对代表的托运行李，将行李统一摆放在货舱专门区域，便于在飞机抵达目的地后统一运送。代表团领队不禁感慨："国航服务真好！"

　　11点50分，CA4520航班顺利起飞，在航班飞行过程中，代表团同样得到了细致周到的服务，对国航的细心用心交口称赞。

【思考题】

1.你如何看待该航空公司对残障旅客的服务？

2.与残障旅客沟通时，应注意哪些要点？

3.如果你是该乘务班组的乘务员，你会如何通过沟通体现民航的真诚服务？

任务二　恰当沟通，化解客舱冲突

　　在客舱中，由于不同旅客的文化背景、习惯、情绪等方面的差异，时不时会发生一些特殊情况，例如旅客之间的争执、情绪失控、飞行延误等。这些情况给乘务员带来很大的挑战，需要他们通过恰当的沟通和技巧，有效地化解冲突。恰当的沟通是化解客舱冲突的关键。乘务员需要在处理冲突的过程中保持冷静和专业，运用一系列的沟通技巧和方法，帮助旅客缓解紧张情绪，理解对方的需求和意愿，从而达成共识，找到解决问题的方案。同时，乘务员还需要在处理冲突的过程中保持冷静和专业，维护客舱的秩序和飞行安全。

案例2-1

"先生、女士您好，登机请戴上口罩。"2023年2月19日21时，在温州飞往贵阳的CZ6454航班上，南航贵州公司乘务长小穆正向两名匆匆走到舱门的旅客温和提醒。

"不好意思，走得太急，一下子忘记了。"两名旅客双眼发红，声音哽咽。小穆注意到，二人应该是夫妻，不知道是什么原因使他们均精神不佳、面带焦虑。而妻子更一刻不停地拨打手机，显然可能遭遇了某些突发事件。

见此情况，小穆忙将他们引至座位上，同时将自己多带的口罩快速取出送至旅客手中。经交谈了解，原来夫妻二人李先生和伍女士是贵州省息烽县人，一直在温州务工。当天中午二人接到老家电话，告知他们已就读初中的儿子没去上学。由于工作繁忙，因此他们并没有特别在意。可当晚再次接到家人电话，告知孩子走丢且已经通知当地警方，他们才意识到事情的严重性，连行李都来不及收拾便急忙赶往机场，买了最早的机票奔赴贵阳。

"着急得很，还好这个航班还有头等舱机票，我们就赶快买了飞过去。"李先生红着眼眶，朴实的面容满是担忧。而伍女士入座后仍然不停地打电话与人联系，仿佛电话那头能带给她更多的慰藉和希望。

人民航空为人民，深切理解旅客心情的小穆一边安排组员继续关注并安抚二人情绪，一边立即将情况报给本次航班机组。由于当天航班流控可能导致延误，因此机长在得知这一情况后，立即向当地塔台申请提前航班排队起飞时间，全力减少航班延误耗时。21时54分，在机组与空管单位高效联动配合下，夫妻二人所乘的航班顺利起飞。

随后飞机进入平飞阶段，小穆注意到夫妻二人始终情绪低落。特别是妻子不停哭泣，不吃不喝也不休息。担心他们因疲劳、焦虑导致健康问题，同时考虑到二人没带行李且下飞机后还要转车两个多小时才能赶回老家，小穆和乘务组员们又贴心地为他们送去了面包、矿泉水、花生、糖果、湿巾等食品与临时生活用品。其间，机长也代表机组不时询问夫妻俩的身心状况，给予力所能及的关怀与帮助。最终，在机长与机组成员的共同努力下，该航班于2月20日0时18分准时落地。下机时，坐夫妻身旁的旅客更主动让出通道，让他们优先下机。

"孩子已经找到了，谢谢你们一路的帮助。"2月20日17时08分，伍女士向小穆回信，告知了已成功寻回孩子的好消息。

（资料来源：微信公众号贵阳交通广播）

【案例评析】

客舱乘务员应该学会从观察旅客的外表、言谈、行为、举止形象等方面,准确掌握他们的性格特点、饮食习惯和特殊偏好等。旅客的心理非常微妙地体现在旅客的言行举止中,民航服务人员在观察那些有声的语言的同时还要注意通过旅客的行为、动作、仪态等无声的语言来揣度客人细微的心理。本案例中乘务员观察到旅客精神状态异常后,及时采取行动了解了具体情况,同时协调机组人员想办法减少航班延误耗时,并为他们提供了贴心服务来缓解旅客的焦虑情绪,避免了乘客情绪进一步的恶化,很可能导致安全隐患。乘务员需要及时采取行动来缓解这位旅客的情绪,并防止情况进一步恶化。在整个过程中,乘务员始终保持冷静,并采取了适当的行动来安抚该旅客的情绪,使其安全地度过航程。

【沟通要点】

在客舱中与情绪异常的旅客沟通,首要的是要发现异常,这就要求乘务员学会"察言观色"。要善于观察旅客身份、外貌。不同身份的旅客在不同的场合不同的状态下,其需求也是不一样的。要善于观察旅客语言,从中捕捉旅客的服务需求。优秀的民航服务人员从与旅客的交际谈话或旅客之间的谈话、旅客的自言自语中,往往可以辨别出旅客的心理状态、喜好、兴趣及满意或不满意的地方。要善于观察旅客的情绪。既要使旅客感到民航服务人员的服务无处不在,又要使旅客感到轻松自如,这样使旅客既感到自由空间被尊重,又能时时体会到民航企业关切性的服务。善于观察旅客心理状态。旅客的心理非常微妙地体现在旅客的言行举止中,民航服务人员在观察那些有声的语言的同时还要注意通过旅客的行为、动作、仪态等无声的语言来揣度乘客细微的心理。

【实训案例】

一趟执行北京至珠海的航班,头等舱是满客,还有5名VIP旅客。乘务组自然是不敢掉以轻心。2排D座是一位外籍旅客,入座后对乘务员还很友善,并不时和乘务员做鬼脸儿开玩笑。起飞后这名外籍客人一直在睡觉,乘务人员忙碌着为VIP一行和其他客人提供餐饮服务。然而两个小时后,这名外籍旅客忽然怒气冲冲地走到前服务台,大发雷霆,用英语对他们说道:"两个小时的空中旅行时间里,你们竟然不为我提供任何服务,甚至连一杯水都没有!"说完就返回座位了。旅客突如其来的愤怒使乘务员很吃惊。头等舱乘务员很委屈地对乘务长说:"乘务长,他一直在睡觉,我不便打扰他呀!"说完立即端了杯水送过去,被这位旅客拒绝;接着她又送去一盘点心,旅客仍然不予理睬。乘务长眼看着飞机将进入下降阶段,不能让旅客带着怨气下飞机。于是她和头等舱乘务员一起用水果制作了一个委屈表情脸型的水果盘,端到客人的面前,慢慢蹲下来轻声说道:"先生,我

非常难过!"旅客看到水果拼盘制成的脸谱很吃惊。"真的？为什么难过呀?""其实在航班中我们一直都有关注您,起飞后,您就睡觉了,我们为您盖上了毛毯,关闭了通风孔,后来我发现您把毛毯拿开了,继续在闭目休息。"旅客情绪开始缓和,并微笑着说道:"是的!你们如此真诚,我误解你们了,或许你们也很难意识到我到底是睡着了还是闭目休息,我为我的粗鲁向你们道歉,请原谅!"说完他把那片表示难过的番茄片360度旋转,立刻展现出一个开心的笑容果盘。

【思考题】

1.如果你作为乘务员在遇到类似的情况时,你会采取哪些方法来进行沟通和解决问题?

2.如果你是一位心理学家,在协助乘务员处理情绪异常旅客方面,你会给出哪些建议和技巧?

3.除了上述案例中乘务员所采用的方法,你能否提供一些其他的方法或策略来处理情绪异常的旅客,并防止类似事件再次发生?

案例2-2

对于中国国际航空股份有限公司(简称"国航")西南分公司主任乘务长老魏来说,2012年3月24日执行的两段航班让他记忆犹新,由于航管、机械故障等原因导致航班延误,机上旅客情绪激动,对乘务组做出过激行为让他感到委屈,但整个乘务组的敬业表现又让作为带班主任乘务长的他感到欣慰。

当日,老魏带组执行CA4311成都至深圳的航班,由于成都双流国际机场航管原因,飞机需要在原地等待一个半小时以上。老魏主动询问相关的情况并进行了详细原因的广播,安排了客舱内饮料、小吃的服务及其他客舱巡视和细微服务。乘务组主动地在客舱为旅客进行了耐心的解释工作,在等待期间旅客们情绪还比较平静,客舱内秩序良好。可没有料到,原定15:30起飞的航班在17:30左右推出滑行后又在15分钟后熄火原地等待,从驾驶舱传来的消息说飞机发生故障,必须滑回停机位让维修人员检查后才能放行。当老魏将机械故障的信息进行广播后,客舱内旅客的情绪一下子激动起来,旅客纷纷将乘务组包围在客舱中并提出质问和责难,老魏带领组员一一给予了耐心的解释和回复。当飞机滑回停机位检查时,又有部分客人提出要下飞机终止行程,乘务组在劝解无效后,请地面服务人员上机办理相关手续。在此期间,机上部分乘客仍然对乘务组进行围攻责骂，还不停地用手机拍照录像，甚至还有人不顾乘务组的劝解对其进行抓扯。面对旅客的不理智行为，老魏和乘务组采取了忍让的态度，有理有节地劝说旅客不要干扰客舱的正常工作秩序。在17名终止行程的旅客下机后，乘务组按照规定逐个进行了客舱清舱工作，对部分旅客提出的索赔要求，也及时向地面人员通报了信息，飞机最后于19:00左右起飞。在整个延误过程中，乘务组及时向旅客通报消息，与旅客进行沟通，并做好了客舱的安全监控工作，合理安排好服务工作。虽然旅客对长时间的延误不满，但到达深圳后，所有旅客没有对客舱服务提出任何意见。

回程的CA4312航班有40位旅客迟迟没有登机，在等待几分钟后，老魏向地面询问情况得知需要再等待一段时间。听到继续等待的广播，机上旅客情绪激动起来，纷纷冲下飞机，乘务组边劝解边阻拦，老魏还差点被推下梯车。而后赶来的40位旅客看到飞机上旅客的激动行为又不肯上飞机，经过乘务组的耐心劝解和地面工作人员的努力，直到3月25日凌晨1点飞机才从深圳起飞，而到达成都后，老魏乘务组已连续执勤超过20小时。在整个延误的过程中，老魏带领乘务组做了大量的服务补救工作，耐心解释，安抚旅客不满情绪，及时为老年旅客、小旅客提供细微服务。一名外籍旅客深受感动，还特地写下了一封表扬信。

航班虽然延误了，但面对旅客的责难和不理智的行为，国航西南乘务员用敬业的态度和专业的服务赢得了旅客的肯定。

【案例评析】

在这个案例中，国航西南乘务员用了一些恰当的沟通方式，以应对旅客的责难和不理智的行为。当旅客发泄情绪时，面对乘客的质问，给予了耐心的解释和回复。面对旅客的不理智行为，乘务组采取了忍让的态度，有理有节地劝说旅客不要干扰客舱的正常工作秩序。当旅客的情绪得到缓解后，通报了乘客索赔的要求。在这个案例中，乘务员做了大量的服务补救工作，耐心解释，安抚旅客不满情绪，及时为老年旅客、小旅客提供细微服务。一名外籍旅客深受感动，还特地写下了一封表扬信。在这个案例中，乘务员没有对旅客进行批评或指责，而是通过礼貌和专业的方式来处理冲突，这使得旅客更愿意听从乘务员的建议。通过这些恰当的沟通方式，成功地化解了与情绪状态异常的旅客之间的冲突，赢得了旅客的肯定和信任。

【沟通要点】

在遇到飞机延误问题时，乘务人员应该及时向乘客通报航班延误的信息，包括延误原因、预计的延误时间以及后续的安排等。同时，也要向乘客说明航空公司对延误的责任和处理方式。乘客可能会因为延误而感到焦虑和不满，此时乘务人员需要耐心地倾听乘客的情绪和需求，并向他们提供帮助和支持，尽力缓解他们的情绪。在通报延误信息后，乘务人员应该向乘客解释延误的原因和情况，让乘客了解延误的具体情况。同时，也要向乘客解释航空公司对延误的处理方式和相关的保障措施，如为乘客安排酒店住宿、提供免费餐食或重新安排航班等。无论乘客的情绪和态度如何，乘务人员都需要保持礼貌和耐心，不应与乘客发生冲突或争吵。如果乘客情绪非常激动，乘务人员应该寻求其他机构或人员的支持。

【情景模拟】

某日，国内一家航空公司的一架航班因为机械故障而延误了数个小时。当乘客们得知这个消息后，情绪开始变得不稳定。其中乘客李先生对这件事非常生气，一直在向乘务人员表达他的不满和抱怨。乘务员小姚见状，走向李先生，并主动向他道歉，解释飞机延误的原因，并告诉他们航空公司正在尽力修复问题。李先生并没有因此而消气，反而变得更加不满，开始责怪乘务人员没有提前告知乘客，并表示他们的时间很宝贵，不能被浪费。

小姚注意到李先生情绪的不稳定，她没有急着辩解，而是从心理上去安抚他。她用平静的语气跟李先生说："非常抱歉，我们了解您的时间很宝贵。我们的机务人员正在全力修复飞机问题，我们会第一时间通知您飞机的修复情况，同时我们会尽一切可能为您提供帮助。"小姚的话让李先生的情绪有所缓和，他开始冷静下来，并和小姚进行了更为详细的交流。在小姚的帮助下，他也了解了当前的情况，知道了航空公司正在尽力安排解决方案。不久后，小姚收到了飞机已经修复的消息，并第一时间将这个好消息告知给李先生和其他乘客。

当航班到达目的地后，乘务人员再次向机上旅客道歉，并向他们提供免费饮料和小食品以表示歉意。他们还安排了巴士接送旅客前往机场，以尽可能减少对旅客的影响。最终，所有旅客安全地抵达了目的地，并对乘务人员的专业服务和解决问题的能力表示了赞赏和感激。

【思考题】

1.你认为这名乘务人员在处理飞机延误问题时有哪些值得借鉴的沟通技巧？

2.你自己在处理类似问题时是否也可以采用这些技巧？

3.如果你是这名乘务人员，在面对一些非理性的乘客时，你会如何应对？

案例 2-3

　　高空飞行的机舱内有着"人多、空间小"的特殊性，任何不当的行为都极易诱发更大规模的冲突从而影响客舱安全，此时乘务人员沉着冷静、正确得当地控制事态发展，有效化解矛盾，是航班安全运行的坚实保障。

　　2014 年 2 月 21 日，某乘务组执飞 MU5025（济南—香港）航班。飞机刚刚进入平飞状态，外场乘务员正在客舱内为旅客发放毛毯，并为身体不适的一位老大爷更换到相对宽敞的座位时，突然听到客舱中后部有旅客争执的声音，并且越来越大。乘务员迅速赶到后舱了解情况。原来一位旅客在开启行李架时，另外一位旅客以为对方动了自己的行李，所以这两位体格健壮的中年男性旅客发生了激烈的口角，并在此基础上冲突加剧，两人还发生了轻微的肢体冲突。为防止事态恶化，乘务员在控制和劝阻的同时，迅速将情况汇报前舱，安全员及时赶来介入。

　　因其中一方在飞机上的数名亲戚（均为体格健硕的青壮年）见势一拥而上，形势再次恶化，更加混乱。机舱内，几个男人情绪失控地叫嚣，并拳脚相加，一时间辱骂声、吵闹声、孩子的哭声……局面十分混乱。面对即将失控的局面，乘务组临危不乱、分工明确：前后服务间各留一名乘务员，为避免有旅客情绪失控而冲击驾驶舱，做好对机舱门和驾驶舱门的监控，同时和驾驶舱保持联络；为避免恐慌引起的大面积旅客纵向移动，从而影响飞行安全，另外三名乘务员人员协助安全员将争执旅客强行分开，并进行安抚劝说，还劝慰安抚周围旅客及照顾打架旅客的孩子。在乘务组的共同努力下，总算将这场突发的风波暂时控制住，虽然争吵的旅客们已无肢体接触，情绪也稍有缓和，但还不时地相互恶言相向。为避免再次引发冲突，乘务员一直耐心相劝，终有一方息事宁人，愿意调换位子。

　　最终事态渐渐平息下来，乘务员回到正常的工作状态，服务过程中乘务组始终保持高度的警惕性，加强客舱巡视，注重对关键旅客的重点服务，并用真情化解矛盾、用微笑感染每一位旅客。

【案例评析】

　　客舱冲突在民航领域属于不可避免的突发事件问题。在狭小的空间里，旅客可能出于各种原因产生不满和矛盾，甚至发生冲突。这种情况不仅会影响其他旅客的体验，还会给航空公司带来不必要的损失。如何恰当地处理客舱冲突，成为航空公司必须解决的问题之一。本案例中乘务组表现出了良好的团队协作能力和强大的行动力，将旅客的安

全放在首位。在化解冲突时制订了详细的行动计划,以确保旅客的安全。随后与旅客进行了恰当的沟通。在这个过程中,机组人员表现出了耐心、关注和尊重,这有助于缓解冲突的紧张氛围,避免事态升级。总的来说,在这个案例中,机组人员通过专业的技能和良好的沟通能力,成功处置了一起冲突事件,并保障了所有旅客的安全,值得其他机组人员学习和效仿。

【沟通要点】

民航服务人员遇到突发事件,在处理时一定要保持镇静。首先要迅速了解矛盾产生的原因、旅客的动机,并善意地加以疏导。所谓知己知彼百战百胜,在处理突发事件时,一定要了解旅客想要我们如何处理,旅客希望我们如何去帮助他们。其次要用克制与礼貌的方式劝说旅客心平气和地商量解决,这样的态度常常是使旅客忿忿之情得以平息的"镇静剂"。最后要尽快采取各种方法使矛盾迅速得到解决,使旅客能得到较满意的答案。尽量使事情的影响控制在最小的范围,在其他旅客面前树立企业坦诚、大度、友好的服务形象。

【实训案例】

近日,青岛市民李女士与她所乘坐航班所属的某航空公司因为行李损坏赔偿问题发生矛盾,起因在于李女士托运的行李丢失受损,而航司方面只肯赔偿一个行李箱,李女士认为其做法不妥。

20日上午11时,市民李女士乘坐上海到青岛的班机返回青岛。在青岛流亭机场,当她下飞机去拿托运的行李时发现,自己的行李箱在传送带上已经打开了,里面的东西散落出来。

据介绍,当时李女士发现行李箱的拉链都打开了,原先箱子上的锁也没有了,里面的衣服也脏了,还有一股机油味道,经过她检查,发现少了三桶茶叶、一个手机充电器、一件毛衣等物品,仅剩下的一桶茶叶上封口的不干胶也被撕开了。李女士随即找到了航司驻机场有关部门交涉。李女士认为根据当时的情况判断,自己的行李是托运时在机舱出了问题,而且应该是人为的,所以责任部门应当赔偿损失。

可航司方面的反应让李女士大失所望。一位姓尹的女士告诉她,按照规定,这是在运输过程中行李箱严重损坏,属于运输事故,但按照规定最多只能赔偿一个行李箱。李女士认为自己丢失的物品价值就有一千多元,加上洗衣、行李箱等其他方面的损失远远不止一个行李箱的价值,所以她对航司的处理决定难以接受,希望能给她一个合理的说法。

【思考题】

1.在这个案例中,如果你来负责这项工作,你会怎么解决?

2.如果你采取了消极的态度应对,这种情况可能会发展成什么样的局面?

3.如果你是地面服务人员,你会采取什么方式来避免这种情况的发生?

任务三　有效沟通,实现和谐飞行

　　新时代下,任何一个企业都面临内外环境的变化与挑战,想要获得长效的发展和稳定,必须做好组织内部的沟通。正所谓,"上下同欲者胜",只有上下一心,齐心协力共创业绩,才能取得最终的胜利。

　　对于民航的每一次安全飞行,背后都凝聚着有效沟通机制带来的正面影响。一方面,沟通能帮助管理者更好地了解一线工作者的想法;另一方面,沟通也能帮助下属清晰准确地了解上级所作出的各种决定。此外,沟通还能提升民航服务人员之间的工作效率,从而提升民航企业业绩。因此,有效的沟通,更能实现和谐飞行的目标。

案例3-1

　　2021年5月1日消息:"能不能把飞机叫回来? 能不能帮帮我们?"4月30日23:42,在和田机场,当天最后一班由和田飞往乌鲁木齐的CZ6820航班按计划已推出廊桥,准备滑行起飞。此时,在候机楼,一行3人的旅客正焦急地向南航和田营业处求助。

　　经初步了解,其中一名7岁的小旅客因手臂被拖拉机绞断,需紧急前往乌鲁木齐进行接臂手术。当地医生告知,手术需要在6小时之内完成,否则细胞坏死后将无法治疗。

　　"我们能不能乘坐这个航班?"望着已经推出廊桥的飞机,小旅客的父亲满含泪水地向南航工作人员求助。本着"生命至上,以人为本"的原则,南航和田营业处和和田

机场塔台迅速将此情况反馈至上级部门。经多方协调,南航向机组下达了"滑回廊桥,二次开门"的决策,全力帮助小旅客。

此时,在客舱中,101名旅客正在安静地等待航班起飞。随着"叮咚"的声音,客舱响起了广播:"尊敬的各位旅客,接地面通知,有一位旅客需要紧急前往乌鲁木齐进行救治。飞机现在需要滑回停机位。感谢您的配合。"

虽然小旅客一行还未购票,但为尽快保障旅客登机,抢抓黄金救治时间,经和和田机场方面协调,南航决定先保障旅客登机。由和田机场开启地面绿色通道,使用担架将小旅客送至客舱。和田营业处为旅客出好机票,机场方面办理其他手续。

在客舱中,接到保障通知后,机组立即分工协作。23:49,飞机滑回停机位,乘务组协调旅客预留出了宽敞的空间,准备好了冰块等物品;23:54,负责此次航班保障任务的乘务长再次打开舱门,小旅客和家属在医护人员的陪同下登机;00:00,航班重新关门推出,00:09,航班顺利起飞!

这是一趟与时间赛跑的航班。乘务组安排专人照看小旅客,观察输液状况。因为注射了镇静剂,但又必须保持清醒,乘务组一边用湿毛巾给小旅客,一边鼓励道:"宝贝别睡,你好勇敢,一定不要睡觉哦……"幸运的是,飞机上还有一名医生旅客协助乘务组一同观察情况。旅客的眼眶红了,乘务组也强忍着泪水,全体机组还凑了一些现金给孩子应急,小旅客的父亲哽咽了,不停地说着:"谢谢你们。"此刻,虽然语言不通,但情意相通。乘务长红着眼睛安慰道:"刚才机长让我转达您,我们会尽快把孩子安全送到乌鲁木齐,愿孩子手术成功,请您放心。"

航班起飞后不久,远在乌鲁木齐的南航GOC(现场运行中心)大厅里,现场值班人员正紧锣密鼓地与乌鲁木齐机场方面就航班落地时刻和停机位进行协调。经沟通,机场晚20分钟关闭,等待航班落地到位;将停机位由原计划的145号协调至103号,紧邻一号道口,确保旅客能够在黄金时间段内下机前往自治区中医院就医!

5月1日1:36,航班顺利抵达乌鲁木齐机场。小旅客一行三人优先下机,现场等候已久的急救车第一时间将他们送往自治区中医院。

"再次为航班延误向您致歉,同时感谢您的理解和配合,感谢您同我们一起与时间赛跑开展这一场生命速递。"在护送小旅客顺利下机后,乘务长哽咽地向旅客广播道。

安静了片刻,客舱里响起了雷鸣般的掌声。

(资料来源:http://news.carnoc.com)

【案例评析】

　　上述案例是典型的旅客原因所导致的航班延误,但由于是紧急型的医疗救助,因此民航服务人员是否能在短时间内进行及时有效沟通就显得尤为重要。我们由案例可知,首先旅客是向营业处的工作人员进行求助,告知有一名7岁儿童手臂被拖拉机绞断,急需搭乘航班前往乌鲁木齐进行接臂手术,情况紧急,刻不容缓。此时由营业处与机场地勤沟通,营业处出好机票,机场办理其他手续,同时通知航班机组人员。机组内沟通协调,分工协作,机长操作飞机滑回停机位,乘务员预留空间、准备客舱内医疗物资,乘务长开舱门,并寻求了医生旅客的帮助。南航值班人员通知乌鲁木齐的GOC,协调航班落地时刻和最优停机位,并沟通当地机场延迟关闭时间,提前联系急救车等候接诊。在优先完成旅客急救任务工作后,乘务长再次向客舱内其他旅客表示歉意和感谢,得到了全体旅客的认可和赞赏。

【沟通要点】

　　案例中的营业处工作人员、机组人员、机场地勤人员、GOC值班人员等都属于同事关系,良好的内部沟通氛围和方式,有助于在遇到问题时快速有效地解决。首先,要有准确的角色定位,与同事共事时保持谦虚友好的心态,平等地与他人进行沟通。不管是机组人员还是地勤人员,都在为同一个目标努力,为同一份平安护航,没有哪个岗位高于哪个岗位。摆正态度,是内部沟通的前提。其次,乘务组内部沟通中,乘务长与乘务员之间形成上下行沟通关系,乘务长在进行下行沟通时,合理分配任务,灵活应变,有效统筹客舱内的工作安排。乘务员在上行沟通中,主动接受指令,明确自身工作要点。最终实现乘务组内紧密合作,实现了紧急救援的飞行价值,也得到了旅客们的肯定。由此看来,想要提高民航服务人员的服务质量,首先要让上下级之间信息互通,让平行关系之间讲团结,有凝聚,才能实现飞行的稳定和谐。

【实训案例】

　　2021年3月11日晚,由天津飞往南宁的南航CZ6420航班上,一名旅客突发疾病,机组人员果断采取救助措施备降武汉,旅客得到及时救治转危为安,目前已确认出院。

　　当日19时30分,CZ6420航班从天津起飞,30分钟后当班乘务长接到后舱乘务员的报告:"48排B座的旅客感觉到心脏不舒服,身体出现不适。"乘务长立即赶到旅客身边,发现该名旅客呼吸急促,面部表情痛苦,左手拳头紧握,她一边安排乘务员拿来温水,一边机上广播寻找医生。但航班上没有医生,乘务长拿来氧气瓶供旅客吸氧,旅客吸氧后不适症状有所缓解。其间乘务长一直陪伴在旅客身边,握着旅客的手,时刻感受旅客体温的变化。

10分钟后,旅客的不适症状出现了反复,呼吸再次急促起来,身体发冷,乘务长又拿来氧气瓶。20时50分该名旅客的症状仍未得到缓解,在征得其同意后让其服用了速效救心丸。与此同时,本着生命至上、敬畏生命的原则,机长决定备降武汉。机组人员立即与空管塔台联系,申请最快航路,联系备降机场,提前准备好救护车等救护资源为救治旅客争取宝贵时间。"您别担心,航班现在备降武汉,医护人员很快就来了。"乘务员将备降的消息告诉旅客,安抚其紧张的情绪。

当日21时10分,航班降落武汉天河国际机场,机场医护人员立即上机进行急救检查,乘务组、地服人员配合医护人员将旅客抬下飞机并搭乘急救车前往医院救治。12日,南航工作人员与该名旅客取得联系,确认该名旅客经过检查治疗后情况好转,目前已出院,旅客也对乘务组的及时救护表示衷心感谢。

(资料来源:http://news.carnoc.com)

【思考题】

1.以上案例中,有哪些民航服务人员进行了内部沟通?

2.如果你是负责客舱广播的乘务员,你会如何通过广播与其他旅客进行沟通?

3.如果你是乘务长,你会如何进行乘务组内部沟通?

案例3-2

美国西南航空公司创建于1971年,当时只有少量顾客、几架包机和一小群焦急不安的员工。它现在已成为美国第六大航空公司,拥有1.8万名员工和下属,服务范围已横跨美国22个州的45个大城市。

(一)透明式的管理

如果要见总裁,只要他在办公室,你可以直接进去,不用通报,也没有人会对你说:"不,你不能见他。"每年举行两次"新员工和下属午餐会",领导们与新员工和下属们直接见面,保持公开联系。领导向新员工和下属们提些问题,例如,"你认为公司应该为你做的事情都做到了吗?""我们怎样做才能做得更好些?""我们怎样才能把西南航空公司办得更好些?"员工和下属们的每项建议,在30天内必能得到答复。一些关键的数据,包括每月载客人数、公司季度财务报表等,员工和下属们都能知道。

"一线座谈会"是一个全日性的会议,专为那些在公司里已工作了十年以上的员工和下属而设。会上副总裁们对自己管辖的部门先作概括介绍,然后公开讨论。题目有"你对西南航空公司感到怎样?""我们应该怎样使你不断前进并保持动力和热情?""我能回答你一些什么问题?"

(二)领导是朋友也是亲人

西南航空联合创始人赫伯·克勒赫同员工和下属们一起拍照时,从不站在主要地方,总是在员工当中。赫伯要每个员工和下属知道他也不过是众员工之一,是企业合伙人之一。上层经理们每季度必须有一天参加一线实际工作,担任订票员、售票员或行李搬运工等。"行走一英里计划"安排员工和下属们每年去其他营业区工作一天,以了解不同营业区的情况。

为让员工和下属们对学习公司财务情况更感兴趣,西南航空公司每12周给每位员工和下属寄去一份"测验卡",其中有一系列财务上的问句。答案可从一周的员工和下属手册上找到。凡填写测验卡并寄回全部答案的员工和下属都登记在册,均有可能得到免费旅游的机会。旅游鼓励了所有员工和下属参加这项活动。

这种爱心精神在西南航空公司内部闪闪发光,正是依靠这种爱心精神,当整个行业在泥沼中跋涉时,他们却连续22年有利润,创造了全行业个人生产率的最高纪录。1996年有16万人前来申请工作,人员调动率低得令人难以置信,连续三年获得国家运输部的"三皇冠"奖,表彰他们在航行准时、处理行李无误和客户意见最少三方面取得的最佳成绩。

(资料来源:焦巧、梁冬林主编的《民航服务沟通技巧》)

【案例评析】

西南航空的企业文化注重以人为本,关注员工需求,因此开放多条渠道加强公司内部沟通。员工可以随时进总裁办公室进行意见反馈,下属能通过"一线座谈会"向高层干部进行提问,每名员工能通过"测验卡"了解公司财务情况,这些均属于上行沟通的技巧。同时,每年两次的"新员工和下属午餐会"能让领导向下属答疑解惑,上层经理每季度亲临一线实际工作等,这些均属于下行沟通的技巧。

【沟通要点】

一个企业要想获得长久稳定的发展,必须从内部出发,形成上下畅通,团结友爱的合作氛围,这就必须既让上级了解下情,也能让下级及时反馈自身的意见和建议。在工作中,自上而下,让员工明确企业的发展目标,了解各个岗位的工作任务和价值。同时又自下而上,适时适度陈述一线工作的困难点和创新点,做到有问题务下情上达,切忌产生不必要的隔阂或者误会。

【实训案例】

"小姐,航班延误这么久,我要投诉!"旅客的矛头指向乘务员。乘务员脸色泛红,心情低落地回到服务间,报告乘务长,心里委屈极了:"工作十几个小时了,有谁知道我们背后的辛苦……"乘务长走到该旅客面前,语重心长地说:"我非常理解你现在的心情,我也是从一名乘客走向一名空乘……"

这是四川航空客舱部安监室引导员工用换位思考法处理旅客投诉案例的小片段。乘务员和旅客立场不同,很难了解对方的感受,还给自己带来不悦;乘务长愿意站在旅客角度思考问题,"把自己当成旅客",化解尴尬,赢得尊重。

航班上,换位思考有助于提高服务质量,让"美丽川航"名副其实;管理上,换位思考更能发现员工真实所需,检验工作流程合理与否,从而推动部门管理优化。

近期,川航客舱部要求部门干部"当一次乘务长,当一次旅客,做一次现场检查,当一次乘务员,参加一次分部会",以不同的身份,大量收集来自一线的信息,审视客舱管理环节,探求管理新思路。

5月8日,客舱部副总经理、资深主任乘务长做了回普通乘务员。"航班上,我们一起服务旅客,乘务员愿意和我交流体会;回到家,我细细品味这次体验,我们在管理上还有很多需要改善。这种体验要一直下去。"

【思考题】

1.以上案例中,川航客舱部是如何进行上下行沟通的?

2.如果你是客舱部经理,你还有什么新方法用于开展客舱部的内部沟通?

案例3-3

11月2日,东航山东分公司客舱部资深乘务长老陈参加了330机型的带飞培训并顺利通过,被问及关于这次330的带飞,她娓娓道来:

带飞的第一天,老陈见到了她的教员荣老师,教员给她的感觉是美丽大方又严谨认真。虽然老陈已经飞行20多年,但她对于这次培训仍然抱着新人的心态来认真学习,取长补短。带飞一共分三班进行,第一班在客舱经理的带领下开始准备,着重准备了急救和应急设备,并且在讲解的同时分享了一些实际急救的案例,告诉大家实际情况下会是怎样的,第一班的带飞就在这样紧张精细的工作中开始了。二十多年的兢兢业业造就了老陈高质量的职业素养,尤其是在最后,老陈清舱时认真仔细,从座椅口袋里捡到了旅客的钱包。老陈的表现赢得了带飞教员的好评,但其实这样的事情在老陈的飞行生涯中,已经是数不胜数了。

在第二班的带飞中,客舱经理格外注重的是高端旅客的服务、语言的规范性、笑容、姓氏的称呼,以及准备的服务用品和提供的时间。客舱经理井然有序地给大家讲解着,老陈认真地听着、记着、学习着,孜孜不倦的状态是值得我们学习的。

在第三班的带飞中,客舱经理主要侧重于安全,从上机到下机的所有流程必须做到确认、一丝不苟。在平时的航班中,老陈也是一丝不苟,在安全方面更是事无巨细,每每都要亲自再把把关,做到零风险。

航班带飞中老陈的教员老师认真讲解了所有设备的位置、检查和使用,她感觉机上娱乐设施自己还是要下功夫学习的。航班中她看到了总部乘务员对高端旅客的服务技巧,学习了乘务员客舱巡视的有效性,体验了服务的高端、规范和计划性,这些都是值得我们学习的。虽然已经飞行二十多年,但是虚心使人进步是没错的。教员老师又着重讲解了头等舱的设备和使用方法,以及所有内场乘务员的操作细则和流程。最后一天的检查,她完全担当了后舱乘务长的职责,工作相对还是比较得心应手。四天的航班结束了,收获了很多,老陈同一航班的伙伴小王同样认真严谨,取得了教员的表扬。她的教员、检查员教给了她很多以前从没接触过的知识点。接下来,老陈准备认真消化并吸收她所学的知识,分享给她的小伙伴们。大家共同努力,让东航山东分公司的安全服务工作更上一层楼。

(资料来源:微信公众号东航山东凌燕)

【案例评析】

上述案例是一次成功的下行沟通。作为一名资深的乘务长,老陈虽然飞行二十多年,但她依然虚心学习,追求进步。在带飞培训中,她的教员、检查员,通过每次带飞实践,从点滴开始,从细节入手,将总部乘务员的服务技巧传授给参训的每一位成员。这不是单纯的任务指派或者政策宣示,而是通过参与体验的方式,将理论与实践结合,主动进行内部沟通。同时,该乘务长回到分公司后,又会将自己的所思所学再次下行传达到分公司的乘务员中,形成良性沟通链条。

【沟通要点】

做好下行沟通,首先领导者要培养自身的人格魅力,让下属心悦诚服,自觉服从和支持领导的指示,这与领导者本身的学识、能力、眼界、品格等息息相关。其次,上级对下沟通时要学会换位思考,从下属的角度出发,公平公正对待每一名员工,营造和谐共事的团

队氛围。此外,掌握一定的下行沟通技巧,例如如何赞美下属的表现、如何批评下属的不足等。最终以人为本,解决困难,鼓舞士气,增强理解,从各个环节建立良好的人际关系网络。

【实训案例】

国航西南分公司客舱服务部(以下简称"客服部")建立空勤人员定期内部沟通制度。建立该制度的主要目的是进一步促进客舱服务管理流程、航班生产运行和服务品质等方面的持续改进和发展。该制度主要为空勤干部之间的交流设立平台,巩固客舱各项工作的基础,避免因信息闭塞阻碍客舱建设发展。

客舱部安全服务室牵头制定了空勤人员定期内部沟通制度。空勤人员定期内部沟通制度将利用定期召开沟通交流会的形式完成,会议每两个月召开一次,参加人员由乘务管理中心高级经理、生产运行室和供应中心空勤干部组成。为避免会上没有明确主题,造成影响会议质量现象,该制度要求各单位参会前,结合自身实际负责走访了解近期乘务员反映的焦点热点问题,于每月底前将次月会议主题建议上报客舱部安全服务室。安全服务室负责对乘务管理中心反映的问题进行梳理,制订沟通会议的研讨主题,再下发会议通知。

空勤人员定期内部沟通机制将更好地优化内部管理流程,确保内部服务链顺畅。

(资料来源:http://news.carnoc.com)

【思考题】

1.案例中,国航西南客服部采用了哪些下行沟通技巧?

2.如果你是一名普通乘务员,你认为有哪些好的上行沟通方式可以用于此案例?

案例3-4

5月14日,MU5243宁波—深圳航班上,东航山东分公司客舱机组密切配合、妥善处置,帮助一名患病旅客平安抵达深圳。

旅客登机过程中乘务员发现一名女性旅客伴有干呕症状,与旅客确认其身体状态可以继续乘机前往深圳。平飞后,该旅客一直在后舱洗手间内长达25分钟,乘务员发现后每隔一段时间敲门呼唤,确认该旅客的状态。后续通过交流得知,该旅客前一天在宁波聚餐,所有参与聚餐人员都出现了不同程度的食物中毒并已住院,她有特殊原因不得不回深圳,因此才会带病乘机。在飞行过程中,她愈发感到浑身虚弱无力且又出现恶心呕吐症状。客舱机组成员立即展开救助工作,乘务组及时帮助旅客缓解症状,空保组实时关注客舱动态,维持客舱秩序,防止客舱中其他人员围观,来回走动,确保客舱安全,保证客舱正常秩序。依照客舱急救流程,立即通报机长,通过客舱广播寻找医生帮助,在整个客舱机组密切配合下,该旅客不适症状得到有效舒缓。

落地前,征得旅客同意后联系机长为其申请了救护车。

20点34分,飞机平稳降落在深圳宝安国际机场,医疗队第一时间登机对该旅客进行身体检查。患病旅客因为身体虚弱无法独立行走,专职安全员协助医疗队将旅客抬下飞机,送上救护车。此时兼职安全员负责联系旅客家属,告知乘务组已采取的救助措施,稍后会有地服人员和专业医疗队员与其联系,务必保持手机畅通。

在整个救助中,东航山东当班机组、乘务组及空保组反应迅速、沉着应对,紧密配合,共同帮助患病旅客转危为安。

（资料来源：http://news.carnoc.com）

【案例评析】

机组、乘务组、空保组在航班飞行过程中是密不可分的一个整体,是需要通力协作的一个团队。在本案例中,乘务组发现并核实客舱旅客的异常情况,空保组维持客舱秩序确保环境安全,机组及时联系地面组织急救,团队成员各司其职,履行岗位职责,为旅客的生命健康赢得了必要的条件。由此可以看出,在此次救助中,当班机组、乘务组及空保组首先保持了合作共赢的积极心态,在工作场所中,及时良好地沟通,面对问题分工协作,不慌乱、不推责,处置得当,表现突出。

【沟通要点】

客舱属于机组成员的同一办公场所,若能拥有良好的平级沟通关系,能够帮助彼此在工作中赢得信任、获得支持,从而更好地实现自我价值。在与同事沟通过程中,尤其需要注意三点:(1)心态——积极建立合作关系,注重人际交往的沟通技巧,相互尊重,加强联系,不能相互排斥、抵触,甚至引发矛盾;(2)关系——面对同事的优点要善于肯定和赞扬,面对同事的缺点要委婉切实地提出建议,并帮助其改进和完善,不能形成对立、竞争的关系。(3)细节——真诚沟通,遇到问题要协商解决,不能直接命令甚至责备他人,更不能将个人矛盾牵扯到工作环境中。

【情景模拟】

某航班上,一个老年旅行团登上飞机。其中一位老年旅客看到自己座位上方行李架上堆满了物品(实为机载防烟面罩),就将行李架上的防烟面罩连同外壳一起取下,放在

客舱过道上,同时将自己的行李箱放在该面罩原处位置上。乘务员 B 发现后,并未询问调查面罩取下的原因,直接报告给乘务长 A,并且报告时武断简单,造成乘务长判断失误,认定此情景已属于客舱危险信号,也并未再次确认情况的真实性和程度轻重,就立即报告机长。机长接到报告后立刻通报地面处理,最后该旅游团一行所有人被带下飞机,接受调查,造成了航班延误50分钟。

【思考题】

1.乘务员 B 在与乘务长 A 沟通时,犯了哪些错误?乘务长 A 与机长沟通时,又犯了哪些错误?

2.如果你是乘务员 B,你会怎么做?

任务四 特情沟通,诠释民航精神

乘务工作的第一准则是安全。树立安全意识,具备责任担当,排除航班风险,化解客舱危机,从而建立民航运输的安全保障,是每一位客舱管理人员必须具备的能力和素质。只有在安全的基础上为旅客提供温馨周到的服务,才能顺利圆满地将乘务工作做得更好。如果航班失去了安全保障,那服务质量更无从提起。因此,在民航服务沟通过程中,时刻关注旅客的身心状态,关注客舱设备的使用情况,关注客舱环境的稳定秩序,一旦特情发生,第一时间进行有效沟通和处置,把旅客的生命安全放在首位,才能诠释民航精神,才能成就卓越服务。

案例4-1

> "12月9日下午,由深圳飞往济南的山航 SC1188 航班在即将起飞时突然有旅客感到身体不适,机长果断中断起飞滑回机坪,山航乘务组小姐姐们跪地40多分钟抚慰守护患病旅客等待医生登机,令人感动!"旅客鞠先生在自己的微博,写下了自己乘坐航班时目睹的一幕。

原来,在12月9日,山航执行SC1188深圳—济南航班,位于10C座位的旅客突发心脏不适,飞机滑回,旅客得到及时救治。乘务长小韩介绍,飞机在推出滑行过程中,旅客按动呼唤铃告知10C旅客心脏不适,这位旅客面色苍白,呼吸不畅。

14时50分,乘务员立即前往,并广播寻找医生,取出氧气瓶做急救准备。经询问后,乘务员得知旅客有心肌缺血病史,并伴有肠胃不适,只身前往济南,随身携带速效救心丸。乘务员小王将A、B座的旅客调至4排就座,并打开通风孔,为旅客提供舒适空间。

15时,乘务长将此事报告机长,飞机滑回请求医疗救助。寻找医生无果,乘务员陪伴旅客左右,提供温水,缓解旅客情绪。旅客告知乘务员不想服用药物,且表示自己身体状况得到好转。

15时15分,安全员小田为旅客进行脉搏监测,判断心率基本稳定。

15时17分,飞机滑回机位再次开启舱门。

15时18分,医务人员上机为旅客检查并进行救助,建议下机做进一步检查,旅客同意。

15时55分,飞机起飞。

有旅客注意到,跪地40多分钟抚慰守护患病旅客的乘务员小王超过1.7米,在狭窄的过道中半跪多时。航班虽然延误,但旅客都表示理解,并高度赞扬了山航机组。小王说:"我就是山航一名普通的乘务员,这个事件就是日常工作的特殊情况,我肯定尽我所能为旅客服务,只希望那位旅客一切平安。"

后续山航多位机组成员继续关注患病旅客病情,得知旅客有心脏病史,在机上由于肠胃炎引起心肌缺血。由于机上救助及滑回及时,目前这位旅客病情已稳定,仍在医院输液。

(资料来源:http://news.carnoc.com)

【案例评析】

这个案例让我们看到了在应急事件发生时,机组和乘务组的良好沟通和职责担当。一是在飞机即将起飞时,有旅客发生心脏不适,乘务员能及时了解旅客的病情和自带药品,并报告乘务长,同时马上广播寻找医生。二是乘务长立即报告机长,飞机滑回请求医疗救助。三是乘务员陪伴旅客进行安抚,安全员为旅客进行脉搏监测。四是接到机上报告,地面及时安排医务人员上机为旅客检查并进行救助。其中,一环扣一环,没有半点延迟和松懈,极大地展示了机组和乘务组通力合作,沟通无阻的能力。

【沟通要点】

在航班中出现突发事件尤其是涉及旅客生命安全时,客舱服务人员的担当意识、专业判断、精心照顾,都成了处理特情状况必不可少的素质。在此类突发状况中,乘务员需要第一时间与旅客或旅客的同行人员沟通其病情、既往病史、随身携带药物等。然后要立即通过广播寻找机上医护人员。在没有医护人员现场指导的情况下,要通过与旅客的沟通和自身急救知识来进行病情判断,及时报告机长采取妥善处理的方法,以免造成更严重的后果。

【实训案例】

2021年3月13日,南航CZ3583航班从南昌飞往太原,就在飞机落地前10分钟,后舱乘务员突然听见一位旅客大声呼喊:"谁来帮帮忙啊!"声音非常急促。乘务员确认飞机状态平稳安全后,迅速来到57B座旅客的身边,发现她的一名孩子(1岁2个月)正在浑身抽搐,直翻白眼。现场情况十分紧急,乘务员立即广播找医生,并报告乘务长、机长,由于在机上旅客中没有找到医生和护士,乘务组决定利用平时训练学习到的医疗救护知识,立即对这个孩子进行机上急救处理。

通过询问孩子的饮食状况,观察其面色,排除异物卡住的可能后,乘务长与三名机上旅客一起,按照类似癫痫的急救处理。掐虎口和人中,用毛巾抵住孩子的牙齿以防咬到舌头,解开安全带,移走旁边的尖锐物品,给孩子测量体温。孩子妈妈看自己的宝贝一直没有好转,就急得哭了起来。此时,乘务长一边安排乘务员接替她继续急救,一边把现场紧急情况再次汇报给机长,并要求与协调地面救护车接机,尽快帮助孩子入院治疗。

旅客母亲和孩子很快地被调至客舱的第一排,以保证在舱门打开后能够尽快下飞机。同时,太原机场接到CZ3583航班机长的呼叫后,迅速响应。飞机到达停机位时,机场急救人员已提前到达等候。紧接着,孩子被送上救护车,紧急赶往医院接受治疗。后来从南航太原办事处给南航深圳分公司的电话中了解,因为在机上的应急抢救及时,又快速入院治疗,小旅客的病情已无大碍,机组人员及孩子的家人应该放心了。

(资料来源:学习强国)

【思考题】

1.以上案例中,乘务组共采取了哪些步骤进行情况处置?其中包含哪些沟通环节?
2.如果你是负责广播的乘务员,你会如何进行寻找医生的广播?

案例4-2

　　这一天，美国新冠确诊病例数已经突破10万，居全球首位。纽约所在的纽约州是美国疫情最严重的地区。因为疫情在全球的不断蔓延，中国民航局要求，国内每家航空公司经营至任一国家的航线只能保留1条。从3月29日零时起，国航在美国只剩北京—洛杉矶航线。

　　老吕是这架航班的主任乘务长。尽管有17000小时的飞行经验，但她还是头一次执行这样的特殊航班。18名乘务员有生以来第一次穿上厚重的防护服，每一次坐下站起都要花平时好几倍的力气。而他们面对的，是同样以各种方式"全副武装"起来的旅客。

　　于是，这架CA982航班成为从纽约返程的最后一架国航航班。

　　机上大多数旅客是中国留学生。老吕从他们的眼神中读出了渴望，他们渴望着回家。

　　"老吕，所有的压轴大戏都给你了！"出发前几天，国航纽约航站站长老杨如是叮咛，对老吕表示了充分的信任。

　　"出发前还是有点担心的，但看到组员的工作劲头后，担心便烟消云散了。"当地时间16时，乘务组通过视频召开航前准备会，充分考虑了所有意外情况。客舱后3排设置了隔离区，一旦有旅客发热，将被调至固定留观区实施隔离。

　　18时40分，乘务组乘坐大巴来到肯尼迪机场。他们互相帮忙穿好防护服，清点防疫物资。乘务组里唯一的小伙子跑前跑后，主动承担了更多工作。

　　根据中国五部委联合公告，目前所有目的地为北京的国际始发客运航班均须从12个指定的第一入境点入境。"旅客问得最多的问题是抵达第一入境点后怎么办，我们会向旅客解释，告诉他们需要做什么，给旅客宽心。"老吕觉得，与平时相比，旅客好像更"依赖"乘务员了。

　　当地时间21时30分，飞机从肯尼迪机场起飞，朝祖国的方向飞去。客舱里响起一段温馨的广播："各位旅客，请全程戴好口罩。如果出现咳嗽、发热等症状，请务必第一时间向客舱乘务员报告。"

　　接下来，进入了乘务员们真正的"战斗时刻"。

　　他们看不清彼此，每个人就在防护服胸前位置写下自己的号位，方便确认身份。老吕胸前写上了CF(chief purser，主任乘务长)。乘务组里有一名擅长画画的姑娘叫小金，她给老吕背上画了一只狠狠敲打新型冠状病毒的拳头，又配了一张大大的

笑脸。

他们听不清彼此，便通过肢体动作交流。检查各舱保障情况是主任乘务长的职责，老吕来到楼梯口，对楼上的乘务员抬了两次头。楼上乘务员心领神会，用双手比出爱心，然后做按压的手势，示意乘务长放心。老吕向后舱张望，乘务员们便纷纷竖起大拇指，表示所负责的区域已经就绪。

"穿着防护服真难受啊！"老吕说，"因为衣服不贴身，我们担心会影响行动，想了各种方法。有贴胶条的，有扎橡皮筋的，走得快了还要提着点裤腿儿。"

在落地前3小时，乘务组对全体旅客进行第三次测温。一名19岁的留学生体温有点偏高，他说，"我刚睡醒时体温会高一点"。没过多久，这名旅客的体温降了下来，并在落地后的检疫中一切正常。大家都松了一口气。

北京时间3月29日23时34分，经过14个小时的长途飞行，跨越整整半个地球后，飞机降落在第一入境点——天津机场。

"你们辛苦了！""谢谢你们！"老吕在舱门口送别旅客，与大家挥手告别。几乎所有旅客在下机前，都向机组表达了感谢。

天津机场的海关检疫人员分批次组织旅客和乘务组下机，一对一审核入境登记表，进行咽拭子核酸检测，办理入境手续。3个小时后，乘务组返回飞机客舱。

3月30日清晨，乘务组搭乘原航班返回北京，18名"战士"全数平安归来。

如今，执行CA982航班的18名乘务员已开始在北京的酒店隔离观察。

隔离第一天，全组成员都跟老吕反映，说执行完这趟航班，自己现在"全身酸疼"。

"那你们要多运动啊。想做好乘务工作，得有个好身体。"老吕每天在微信群里"云拥抱"她的组员，为大家推荐一首好听的交响乐，让每个人分享一本好书，帮大家放松身心，陶冶情操。

隔离第三天，有的组员开始在群里发健身的照片了。"每次执行任务的组员都是临时抽调的。有的组员可能很多年都不会再碰见了，但此时，我们就像一家人一样。"

每天，老吕都会关注CA982航班的最新通报情况。截至目前，航班上没有出现确诊病例，这是让她最开心的事。

再过几天，老吕将结束隔离生活，18名乘务员将悉数回家。之后，返回工作岗位，执行下一趟航班任务，他们已经准备好了。

（资料来源：学习强国）

【案例评析】

突如其来的疫情，对民航运输造成了极大的影响。在危难时刻，中国民航承担了对华人华侨返航祖国的重大责任。在此案例中，乘务组的每一名成员都肩负重任，他们有决心，也有细心，为了远在大洋彼岸的同胞，他们毅然决然踏上旅程。因为穿着厚重的防护服，他们之间的沟通多以非言语沟通方式进行，同时也考验着他们彼此的默契。在与旅客沟通过程中，首先进行政策宣讲，给留学生们进行入境后防疫政策的指导。其次，对发热旅客进行严谨细致的观察和记录，耐心地进行心理安抚。在结束航班之后，乘务长对组员也进行鼓励和关怀，进一步加强内部沟通的凝聚力和共生力。

【沟通步骤】

疫情当前的客舱服务工作，给服务人员带来了不小的挑战。在遇到因为重大卫生防疫事件时，客舱服务人员首先要重视广播的作用，利用广播的渠道有效地进行政策宣传、防疫方法的普及等，尽可能减少面对面的接触。其次，对旅客要进行温情耐心的安抚。不少旅客在疫情状况下，常伴有紧张、恐惧、担忧的情绪，这种负面情绪容易加大客舱不安全因素。此外，乘务组作为防疫的"一线战士"，更应该注重自己的言行举止，既要做到防护得当，也要做到沟通得当。

【实训案例】

3月31日，国航顺利完成138名援鄂医疗队员返京包机任务。

接到带班执飞包机任务，金凤组主任、乘务长老张和她的组员们马上进入了紧张准备工作中。凌晨时分，乘务组的视频会议还在进行着，大家演练着每一个细节。

3月31日，乘务组早早集结在客舱，伴着清晨第一缕阳光，客舱已经布置好了，鲜艳的五星红旗与"共赴春天的约定"主题海报交相呼应，一束束鲜花与乘务员们的笑脸互相映衬。

8时30分，航班准时飞向英雄的城市。"10点30分，机轮触碰跑道的一刹那，我们热血沸腾，久违了，这座英雄的城市——武汉。"老张说。

第一位凯旋的白衣天使踏入机舱，一句"欢迎回家"脱口而出，表达着乘务组最深、最真的期盼。"我们已经登上国航飞机啦，放心吧，给你们看看今天的机舱，布置得很漂亮！"登机后的医疗队员们，纷纷拿起手机向家人报平安，大概是"回家"这两个字触动了太多人内心最柔软的地方。一位白衣天使突然给了乘务员一个大大的拥抱，看到此景，主任乘务长老张声音哽咽地说："辛苦了，欢迎您回家！"

乘务长小袁在为一位医疗队员送上国航员工亲手绘制的明信片时，发现他穿着国航的短袖T恤。"您穿这件T恤很帅气呀。"小袁微笑着说道。"我真的很喜欢！这是2个月前坐国航飞机去武汉的时候你们送给我的，当时就约定好了，我一定穿着它回北京。"

14时41分,CA042航班平安落地。机舱内响起了热烈的掌声,"我们回来了,平安回家了",英雄们纷纷挥舞着手中的国旗。

乘务长开启机舱门,医护人员们与乘务员们道别时,一位白衣天使将登机牌递给了乘务员:"可以签上乘务组的名字吗?这是一段让人难忘的旅途,我想把这张最有意义的登机牌珍藏起来。"签下名字后,老张说:"期待您再次乘机,我们可以摘下口罩拍下约定的合影。"

(资料来源:学习强国)

【思考题】

1.你认为,在特殊包机航班中,与乘客沟通时有哪些注意要点?

2.假如你是该航班的乘务长,你会说什么样的欢迎广播词?

案例4-3

2015年7月25日23时30分,一架隶属于深圳航空公司的空客A320型客机在茫茫夜色中从浙江台州路桥机场起飞,前往广州白云国际机场。此次执飞的是ZH9648航班。

机上当时有9名机组人员和97名乘客,按照原计划,飞机应在当晚9点10分起飞,2小时15分钟后抵达广州白云机场,但由于"流量管制",航班晚点了2小时20分钟。因此在飞机起飞时,在候机室苦等两个多小时的乘客们都有一种如释重负的轻松。

由于有两个小时的航程,飞机进入定速巡航阶段后,不少乘客们开始躺在座位上闭目养神,另一部分乘客则低声和同伴交流起这次的旅程。

随着机长开始准备降落事宜,空乘适时地提醒乘客们检查腰间的安全带,同时飞机广播中也传出"调直座椅靠背收起小桌板"的提醒。

然而,就在广播响起后没多久,一名50多岁的男乘客突然解开安全带站起身,手持一份报纸,从经济舱向头等舱走去。正坐在头等舱弹跳座椅上的当班乘务长小周和乘务员小董见状满心疑惑,飞机即将降落,乘客不安稳地坐在自己的位置上,反而在客舱内随意走动,怎么回事呢?

出于安全考虑,乘务长当即准备劝乘客回到自己的座位上。然而她刚刚叫出"先生"两个字,却突然目露惊色。原来,已经步入头等舱的男乘客居然掏出打火机点燃了手中的报纸,在乘务员惊骇的目光下,男子用着火的报纸引燃了头等舱和配餐区之间的蓝色布帘,并随手将仍在烈烈燃烧的报纸丢在了头等舱的座椅上。

顿时头等舱便炸开了锅,惊恐的尖叫声此起彼伏。正在等待飞机降落的乘客梁先生听到前排传来的尖叫声,倏然一惊,抬头望去,只见头等舱区域正冒出滚滚黑烟。机舱空间狭小,黑烟弥漫之下,靠近头等舱的乘客们都感到呼吸困难。

旅客惊慌失措,赶紧拉开头等舱和经济舱之间的布帘,没承想,火苗瞬间便蹿了出来。两名乘务员立即拎着灭火器跑了过去,火焰燃烧了十多秒后被紧急扑灭,一时间机舱内充满了刺鼻的汽油挥发味道,报纸上很可能被泼洒了助燃剂。

点火后,纵火男子立即退出了头等舱,手里拿着一把匕首,在空中胡乱地挥舞着,口中还大喊让乘客老实点。四处乱舞的刀锋对附近的乘客造成了极大的威胁,其中一名乘客便不慎被划伤了手臂。见此情景,安全员小王和小杜立即上前,一前一后将男子堵在过道中,并试着将其驱赶回头等舱,远离乘客。

与此同时,乘务员刚扑灭火势后立即向机长汇报了机舱的情况。机长第一时间向白云机场塔台发出了求救警报,随即稳定心神操纵飞机继续降落,第二副驾驶则通过监控观察机舱的情况,防备行凶男子冲击驾驶舱。

白云机场收到ZH9648航班机组的求救信号后,立即启动了应急预案,机场公安、消防、医务部门迅速部署就位,严阵以待,机场内弥漫着一片肃杀的气氛。

另一边,机舱中紧张情绪已经达到了顶点。在对峙中,行凶者情绪愈发激动,再次点燃泼洒过汽油的报纸,丢在了飞机安全门旁。这次火势比第一次还要猛烈,机舱内再次弥漫起呛人的黑烟,但很快又被乘务员用灭火器扑灭。

在纵火者行凶过程中,空姐一直在提醒乘客保持冷静,组织老弱妇孺迅速转移到飞机尾部,同时号召男乘客将行李拿下来堆放在过道中,堵住行凶者的去路。为安抚乘客恐惧的心情,空姐挥舞双臂高声喊道:

"相信我们,相信我们,我们有能力(处置)。不要着急,坐好,坐好。"

在她们的安抚下,惊慌失措的乘客开始有条不紊地行动。可以说,在整个突发事件的应对过程中,乘务员始终保持着冷静,展现出了极高的职业素养。

此时,行凶者已经被安全员逼至安全门旁边,驾驶舱内机长操纵飞机稳定降落。

7月26日0时58分,ZH9648航班在广州白云国际机场第三跑道安全降落。飞机停稳后,守候在机场的救护车、消防车、警车迅速围拢过来。飞机上紧急疏散程序立即启动,各舱门纷纷被打开,充气滑梯被放出,乘客们在乘务组的组织下从充气滑梯紧急撤离飞机。在撤离过程中,除了有1名乘客腰部扭伤外,其余的乘客均毫发无损地安全撤离。

(资料来源:https://www.163.com)

【案例评析】

深航7.26纵火案是当时震惊民航的重大安全事件,在航班当中,行凶者两次点火,并且手持凶器威胁客舱旅客的生命安全。在危险当前,乘务组、安保组、机组随机应变,通力合作,最终保证了全体旅客的生命财产安全。在此过程中,我们可以看到,乘务员沉着冷静,面对手持利刃的行凶者,极力安抚乘客心情,不断强调"相信我们,我们有能力处置",增强乘客对客舱管理人员的信任,维护客舱秩序。同时,组员之间积极沟通协调,组织乘客撤离到安全位置,号召男性乘客施以援手来阻止行凶者威胁老弱妇孺等。在坚定且镇静的沟通下,乘客们从惊慌到有条不紊地行动,最终完成了全体人员的安全撤离,是一次成功的特情处置。

【沟通要点】

客舱的安全稳定关系着整个民航的运作发展,而当飞机上发生重大安全事件时,作为乘务员,首先要稳定乘客的情绪,通过广播、口令、面对面指挥等,安抚乘客惊慌失措的情绪,扭转混乱的局面,加强乘客对乘务组的信心,从而为下一步的组织安排奠定基础。其次,简短准确向机组进行反馈。在紧急情况下,需要乘务长快速判断反应,将客舱中的实际情况简明扼要地向机长汇报。随后,飞机的迫降前,组织好乘客做好紧急撤离工作,此刻需要乘务人员准确下达口令,确保乘客有效接收信息,并配合完成。整个过程中,乘务组人员都必须反应迅速,果断处置,才能避免更严重的事故发生。

【情景模拟】

某日,一架客机正在滑行,机舱内一名乘客突然紧张地高声呼唤乘务员:"快来,空姐,快来,我的安全带扣不上了,天哪,怎么办?"乘务员A立即来到该旅客身边,安抚道:"先生,我马上想办法,您别着急,真是非常抱歉。"乘务员A把话说完,立刻去寻找空余的座位,同时发动其他乘务员去帮忙,但客舱中并没有找到空闲座位。此时飞机处于滑行期间,随时可能起飞,时间紧迫,情况危急,乘务长得知这一紧急情况后,立即将这位乘客调到了头等舱的空位置上,帮其扣好安全带等待起飞。乘务员也回到自己的位置上,系好了安全带,等待飞机起飞。

平飞后,乘务长去该乘客的原有座位上仔细查看安全带,原来在安全带里面卡了一个小卡子,才使得安全带无法扣牢。修好安全带后,乘务长向该旅客表达了诚挚的歉意,并表示安全带已修好,可以回到原有座位继续飞行。该旅客还是半信半疑地说:"真的吗?你不会是不想我占用头等舱的座位吧。"乘务长带着自信的微笑,再次向该旅客说明安全带故障已排除,等待该乘客回到自己的座位上对修好的安全带进行检查。该旅客左看右看检查了一通,正常系上了安全带,惊叹道:"没想到,空姐真把安全带修好了,佩服佩服!"此时客舱里的其他旅客发出了一致的赞扬声。

【思考题】

1.请两人一组,分别扮演乘客和乘务长,模拟演练乘务长排除安全带故障后与乘客的沟通对话。

2.当乘客对客舱内的安全设施质疑时,应该注意哪些沟通要点?

案例4-4

> 在2008年北京奥运会期间,一架国内航班飞往北京。旅客登机完毕后,就在飞机舱门将要关闭之时,头等舱乘务员突然向乘务长报告:"乘务长,有一位经济舱的旅客坐在了头等舱,劝了半天就是不肯回到座位上,您去劝一劝吧。"这时,乘务长走了过去,看到那位自行坐到头等舱的旅客一副满不在乎的样子,旁边的另外一名乘务员还在劝说着:"先生您好,这是头等舱座位,按照公司规定这是不允许的,请您回到经济舱。""我就坐这怎么了……"
>
> 乘务长过来后,就对那位旅客说:"先生您好,请把您的登机牌给我看一下好吗?"旅客似乎没有听到乘务长对他说的话,一直闭目养神,乘务长又说:"对不起,您的座位在经济舱,这儿是头等舱。""头等舱怎么了? 还有这么多空位,我就坐这儿。""头等舱和经济舱的票价是不一样的,况且您买的是经济舱折扣票,和头等舱机票之间有很大的差价。"
>
> 那位旅客依然无动于衷,不理会乘务长所说的话,也不肯回到经济舱的座位上。眼看飞机马上就要起飞了,而且这是一架中途经停的航班,在过站时头等舱还要接待去北京参与奥运会相关活动的要客。这时,乘务长灵机一动,就转换了话题:"这位先生,我可以帮助您直接升舱,因为头等舱是没有折扣的,需要您支付两千二百元。"旅客听到乘务长这么一说,把一直闭着的眼睛睁开了,对乘务长说:"谢谢了。"乘务长回应道:"不用谢,请问您怎么支付?""我没钱支付,你们能怎么样?""不支付可以,我马上通知机长,让您下飞机。"听到乘务长让自己下飞机的话,那位旅客站起身来,快速地回到了经济舱的座位上。
>
> (资料来源:张号全、李霏雨主编的《民航客舱服务艺术案例分析》)

【案例评析】

在如今大量旅客都开始愿意选用飞机出行的时代下,乘务员面对的旅客多种多样,

其中大部分旅客都能遵守规则和法律,而个别旅客却以自我为中心,无视规章制度,扰乱客舱秩序,影响航班的正常飞行。在此案例中,该旅客就出现了典型的霸座行为,想通过经济舱的票价,享受头等舱的待遇,并且不听乘务员的劝解,刻意扰乱客舱秩序,其行为违反了《中华人民共和国民用航空安全保卫条例》第二十五条(航空器内禁止下列行为:1. 在禁烟区吸烟;2.抢占座位、行李舱(架);3.打架、酗酒、寻衅滋事;4.盗窃、故意损坏或者擅自移动救生物品和设备;5.危及飞行安全和扰乱航空器内秩序的其他行为)。乘务长面对如此不守规矩的乘客,友好且睿智地告诉对方升舱的价格并表示如果不愿意支付,将通知机长让其下飞机。最终让该旅客意识到自己的"占便宜"行为行不通,重新回到自己的座位上。

【沟通要点】

面对不守规律、故意扰乱客舱秩序的乘客,乘务人员要保持良好的职业素养,友善巧妙地进行适度沟通,明确告知其违反客舱规章制度的后果。如果乘客继续违规行为,则须及时通报机长和机场管理人员,参照中国航空运输协会制定的《民航旅客不文明行为记录管理办法(试行)》进行处置,若涉及违反国家法律法规者,则移交公安部门处理。乘务员身为客舱安全管理的守护者,必须以舱内安全稳定为前提,不可因担心旅客投诉而一味妥协退让。

【情景模拟】

某日,旅客A购买了从北京大兴国际机场至上海浦东国际机场的航班。在飞机起飞30分钟之后,旅客A希望自己坐得舒适一些,就把座位放躺下来,结果遭到了后排旅客B的反对,旅客B要求旅客A把座位调整回去。双方争执了一会后,旅客A就把座椅调直回来。可是,在接下来的时间里,旅客B一直用脚踢踹旅客A的椅背,嘴里还骂骂咧咧,导致旅客A的心情十分不好。无奈之下,旅客A按响呼叫铃,要求乘务员给予解决好这件事。乘务员了解情况后,马上对其回应,说后排座位上的旅客B精神有点问题,在上一个航段里就和其他的旅客发生过口角,希望旅客A给予理解。

听到乘务员的这番说辞,旅客A当即就要求乘务员给自己调换一下座位,不想坐在这里,否则还会受到旅客B的干扰,结果乘务员把旅客A从靠窗的位置调到了靠过道的位置。因为有了前面这个事件的心理影响,旅客A在后续的飞行中,始终都没敢把座椅放躺,生怕还会出现类似的事情,导致不必要的争执和扰乱。下机后,旅客A的心情一直不快,心里觉得憋屈,随即来电向航空公司投诉,投诉的理由就是:为什么明明知道旅客B精神有问题,还会把精神有问题的旅客和正常的旅客安排在一起,而不是给隔离开?他要求航空公司给自己一个合理的说法。

显然,乘务员在旅客要求解决矛盾时,给予的解释不够专业,但对行为异常或精神异常的旅客,判定其是否适合乘机的责任并不在于乘务员,而是需要相关专业医疗机构开具的证明。此类旅客的乘机须有规定级别医疗机构的书面证明,经地面工作人员同意,机长首肯才能乘机。因此,投诉的要点并不在于乘务员的服务态度,所以投诉无效。

【思考题】

　　1.如果你是乘务员,在了解双方争执的情况后,你会如何向旅客 A 解释以及如何协调座位的问题?

　　2.当旅客之间产生矛盾争执时,乘务员需要注意的沟通要点有哪些?

附录：民航服务沟通常用语

1. 欢迎您乘坐×航×××班机。

2. 早上好/下午好/晚上好，欢迎登机。

3. 请出示您的登机牌。

4. 请随我来。

5. 我帮您拿行李好吗？

6. 为了使飞机在起飞时保持配载平衡，请您按指定的座位入座。

7. 这是呼叫铃，如果需要我们帮忙，请按一下。

8. 请将您的椅背调直。

9. 让您感到舒适是我们的职责。

10. 请把您的箱子放在行李架内。

11. 基于安全原因过道不能堵塞，您不能把行李放在这儿，让我帮您放在别处吧。

12. 请您侧一下身，以便让其他旅客通过，谢谢。

13. 如果您需要任何帮助，请按呼唤铃；如果您想阅读，请打开阅读灯；如果您需要休息，可以按住座椅扶手上的按钮，身体向后仰，放倒座椅靠背。这是通风孔，您可以把它向任意方向调节，或向右旋紧关闭。

14. 我理解您，我替您去看看是否有空座位，请您暂时坐在这个座位上。

15. 根据最新规定，您可以升舱，不过要付差价。

16. 请您配合一下，不要把行李放在紧急出口旁边。您可以把它放在座位下面。

17. 对不起，请回到座位上，飞机马上起飞，洗手间暂时停用。

18. 由于机械故障，航班已延误，机械师们正在对飞机进行仔细检查。

19. 由于地面有雾，本次班机将延误约两小时。

20. 由于空中航路拥挤，我们要等待通行许可（才能起飞）。

21. 我们需等待跑道上的冰被清除。

22. 我们的飞机要装完货才能起飞。

23. 我们正在等待几位旅客办理登机手续。如果有进一步的消息，我们会广播通知。

24. 飞机马上要起飞了，请您回到您座位上，好吗？

25. 飞机马上要起飞了，请不要在客舱内走动。

26. 请在安全带信号消失前坐在座位上,并系好安全带。

27. 头等舱旅客的洗手间位于前舱,其他旅客的位于后舱。

28. 洗手间有人,请您稍等一会。

29. 您可放下遮阳板,关掉阅读灯,系好安全带,这样您能好好休息一下。

30. 为确保飞行和通信系统的正常操作,请您不要使用手提电话/激光唱机/调频收音机。

31. 我们前方有大雷雨,无法穿越。我们决定返回××。非常抱歉由此给您带来的不便。

32. 几分钟之后我们将提供饮料(快餐、餐食),请放下您前面的桌板。

33. 您想喝点什么饮料吗? 我们有矿泉水、橙汁、可口可乐、雪碧等,您喜欢哪一种? 您喜欢淡茶还是浓茶?

34. 对不起,我们服务时您睡着了,没有叫醒您,现在您想喝些什么?

35. 如果您现在暂不需用餐,我们将在您需要时提供,到时请您按一下呼唤铃,我们将随时为您服务。

36. 对不起,热食每位旅客仅配一盒,您看给您提供些面包可以吗?

37. 我们可以为您提供素食,飞机上备有素食。但您下次在订票时提出申请会更有帮助。

38. 您想来点热/冷饮料吗?

39. 咖啡还未冲好,来杯热茶好吗?

40. 您想在饮料里放点冰块吗?

41. 小心烫手!

42. 我们有多种菜肴供您选择。

43. 对不起,鸡肉饭恰巧发完了。牛肉饭味道也很不错的,想要尝尝吗?

44. 您还需要点别的什么吗?

45. 对不起,让您久等了。

46. 您介意我把这些东西拿走吗?

47. 您可以就如何提高机上质量给我们提些建议吗?

48. 这是本次航班的纪念品,希望您能喜欢它。

49. 请您把孩子抱在安全带外面,孩子会舒服些。我们有加长的安全带。

50. 对不起,请你们几位谈话声音小些,以免影响其他旅客休息。

51. 起飞后您可以使用手提电脑,但飞机下降时请关闭。

52.是的,我们飞机上有摇篮,但您要换到前客舱就座。

53.当安全带信号灯亮起来的时候,比如飞机颠簸时,您应该把孩子从摇篮中抱起,抱在怀里,系好安全带。

54.您需要给孩子换尿布的话,请到洗手间,里面有一个小桌板。如果您需要帮助的话,请告诉我们。

55.打扰一下,落地前请您填写这些表格,以方便您办理海关、移民、检疫等手续。

56.如果您在填写表格时有疑问或困难请找乘务员,我们很高兴为大家服务。

57.根据当地政府检疫的规定,严禁旅客携带任何新鲜水果、鲜花、奶制品、肉类、植物种子等入境。

58.别太紧张,咱们去清洗一下伤口,放松。我去取急救药箱。请用纱布按住伤口,我来调节座位。躺下,休息一会儿。

59.很遗憾,飞机上没有医生。不过机长已经决定在附近的备降机场着陆。停机坪上有救护车等候,希望您尽快痊愈。

60.留神脚下,外面在下雪(下雨),当心滑倒。

61.对不起,由于本机场天气状况不好,我们的航班将被延误。我们要等到天气条件好转才能起飞。

62.由于地面大雾航班将被延误两小时,我们要等到雾消散才能起飞。

63.由于能见度太低,目的地机场已关闭,我们的航班将转航至备降机场并过夜。过夜的食宿安排由航空公司提供。

64.由于目的地机场罢工,我们将飞往备降机场,预计50分钟后降落。

65.塔台通知我们目前没有停机位,请大家在飞机上等待。

66.机长通知:由于我们遇到强大的顶风,飞机需要在××机场加油,预计到达时间将要晚50分钟。

67.舷梯已经放好。现在您可以拿着行李下飞机了。

68.对不起,先生,可以让这位老先生/老太太先走吗?

69.感谢您乘坐我们的班机,希望下次旅途再见。

70.谢谢您给我们提的宝贵意见,我一定会向领导如实反映。

71.虽然这不属于我的职责范围,但我很愿意为您效劳。

主要参考文献

[1] 黄华.民航客舱服务实用英语[M].天津:天津大学出版社,2010.

[2] 秦莉莉,李佩雯,蔡鸿滨.口语传播[M].上海:复旦大学出版社,2011.

[3] 宋犀坤.管理你的情绪[M].北京:法律出版社,2011.

[4] 李珊珊,刘畅,赵青.普通话实训教程[M].北京:中国言实出版社,2015.

[5] 易军,唐华军.主持审美[M].北京:清华大学出版社,2014.

[6] 刘晖,梁悦秋.空乘服务沟通与播音技巧[M].北京:旅游教育出版社,2013.

[7] 魏全斌.航空服务口语交际与播音技巧[M].北京:北京师范大学出版社,2013.

[8] 陈淑君.民航服务、沟通与危机管理[M].北京:中国民航出版社,2006.

[9] 杨宇,黄代军.民航服务与沟通[M].成都:四川大学出版社,2015.

[10] 龙长权,张婷.沟通心理学[M].重庆:西南师范大学出版社,2014.

[11] 洪玲.中国礼仪文化在民航服务中的体现浅谈[J].现代营销(经营版),2019(12).

[12] 黄然.民航服务高质量发展问题研究[J].中国管理信息化,2019,22(17).

[13] 孙梅,杨丹.空中乘务专业学生民航服务沟通技巧的提升[J].学园,2019,12(12).

[14] 王晓倩.刍议空中乘务专业民航服务及沟通技巧[J].长江丛刊,2018(01).

[15] 王嘉晨.民航服务冲突的应急管理问题研究[D].郑州:郑州大学,2016.

[16] 赵影,钟小东.提升沟通能力化解民航服务冲突[J].企业改革与管理,2015(16).

[17] 邓永萍.沟通技巧在民航服务中的运用[J].成都航空职业技术学院学报,2010,
26(03).

[18] 李晓妍.《民航旅客服务与沟通技巧》课程考核及评估的创新设计[J].辽宁经济,
2017(2).

[19] 王兆杰,梁姣.岗位群关照下的空乘专业沟通能力的培养途径探讨——以桂林旅游
学院空中乘务专业为例[J].科技视界,2016(12).

[20] 尹绪彪.民航空乘大学生言语表达和沟通艺术能力提升研究[J].文化创新比较研
究,2020(22).